DIVERSITY
&
INTERCULTURE

다양성과 간문화

허영식 지음

박영story

머 리 말

문화적 차이와 다양성에 대한 경험이 점점 더 늘어나고 있는 현대사회에서는, 서로 다른 생활형식 사이에서 그동안 당연한 것으로 간주되었던 것이 더 이상 당연하지 않은 것으로 나타나고, 목표와 결말이 아직 알려지지 않은 상태에서 탐색과 시험을 하지 않을 수 없다. 이때 간문화변동의 문제와 도전이 등장한다고 볼 수 있다. 간문화변동의 문제와 도전이 지니고 있는 특징은 적어도 다음과 같이 세 가지 측면에서 정리할 수 있다.

첫째, 간문화변동의 이론과 실천을 위해 우선 우리가 살고 있는 시대를 일종의 과도기적 중간기간으로서 기술할 수 있는 사고방식이 요청된다. 둘째, 차이와 다양성의 공존을 지향한 간문화변동에 초점을 맞출 경우, 간문화변동의 시대에서는 서로 다른 출신과 미래를 갖고 있는 사람들과 서로 다른 사고방식과 자원을 가진 사람들이 공존하지 않을 수 없는 상태에 놓여 있다. 셋째, 과도기적 중간기간에 간문화변동이 수반하는 갈등과 문제는 상당 부분 비동시성의 특징을 띠고 있다.

이러한 현상을 파악하고 이해하기 위해서는 하나의 확실하고 보편타당한 관점을 주장하거나 요구하는 것을 포기하지 않으면 안 된다. 간문화변동의 현상을 다루면서 사람들이 취할 수 있는 입장(계몽주의와 자유주의에 입각한 입장이나 관용적이고 연대의식을 갖춘 입장을 포함하여)이 내재적으로 안고 있는 상대성과 위상(존재)구속성을 인정하는 일이 보다 더 나은 이해를 위해 아마도 가장 중요한 전제조건인 것처럼 보인다.

간문화변동의 역학은 여러 가지 방식으로 파악하고 처리할 수 있다. 예를 들면, 국가 수준의 경제에서 지구적 수준의 세계경제로의 이행을 염두에 두면서 계속적인 경제적 진화로 해석할 수 있으며, 디지털화된 새로운 생산방식에 초점을 맞추어 급격한 기술혁명으로 파악할 수 있다. 또는 세계관의 투쟁과 충돌에 강조점을 둘 수 있으며, 간문화변동의 역학을 주로 글로벌 거버넌스 혹은 세계내치(세계협치)에 지향을 둔 발전과정으로 간주할 수도 있다.

그러한 관찰방식과는 대조적으로 다른 한편으로는 인간의 제도와 실천이라는 의미에서 문화가 그때그때 인지하고 파악한 변화에 비추어 볼 때 발맞추어 나아가지 못하고, 대개 훨씬 지체되고 있다는 점을 강조할 수도 있다. 그런데 바로 이 맥락에서 인간의 상호작용을 통해 다소 구성적으로 변화에 동참할 수 있는 제도와 실천의 가능성을 염두에 둔다면, 이제 우리는 보다 더 특정한 의미에서 간문화변동에 대해 말할 수 있게 된다. 변동의 역동적인 힘 그 자체를 통해서가 아니라, 오히려 인간에 의한 행위와의 상호작용을 통해 비로소 문화적 변혁이나 단층현상과 더불어 새로운 간문화적 창조의 영역이나 분야가 등장하는 것이다.

상기한 과도기적 중간기간으로서의 간문화변동이라는 의미에서 복합적인 현실 속에서 변형이나 전환의 작업을 수행하기 위해서는 사람들이 가능하면 새로운 생산방식과 생활조건을 기존의 생활설계와 적절히 조합함으로써, 낡은 에너지와 새로운 에너지를 결합하거나 아니면 그 반대로 어려움에 처할 것으로 예상된다. 어쨌든 변형을 위해서 사람들과 집단은 선택을 할 수 있다. 여기서는 어떤 통일된 변동이 문제가 되는 것이 아니라, 오히려 서로 다른 사람들과 집단이 여러 가지 다른 행위영역에서 상당히 많은 위험과 기회를 동시에 안고 있다. 그런데 이 위험과 기회는 모두 정확히 계산할 수도 없고 충분히 활용할 수도 없으며, 바로 이런 이유로 인하여 가능한 변형이나 전환은 원칙적인 수준에서 바라볼 때 잠정적인 것으로 나타날 개연성이 그만큼 더 크다.

이러한 배경과 문제의식에서 출발하여, 이 책에서는 다양성과 간문화라는 키워드를 중심으로 하여, 차이·다양성이 점점 더 증가하는 사회변동과정에서 특히 간문화성의 관점에서 혹은 간문화주의의 입장에서 바람직하고 적절한 접근방안을 탐색하는 차원에서 관련된 이론적 기초를 살펴보고, 실천적 과제와 방안을 모색하는 데 주된 목적을 두고 있다.

그리고 이러한 목적에 다가가기 위하여 우선 차이·다양성의 문제와 간문화변동, 그리고 다문화사회의 통합을 위한 접근방안으로서의 간문화주의에 주의를 기울인다(제1장과 제2장). 이어서 간문화소통과 다양성관리에 대한 연구동향 및 함의와 더불어 다문화사회에서 사회통합을 위한 간문화적 행위영역과 실천에 대해 살펴본다(제3장과 제4장). 그 다음 간문화교육의 담론과 접근방안, 그리고 간문화능력과 교사전문성에 관한 이론적 논의와 실천적 접근방안에 해당하는 사례를 소개한다(제5장과 제6장). 마지막으로 페기다(Pegida)가 안고 있는 빛과 그림자의 주제를 다룬다(제7장). 제7장을 제외하고 각 장의 내용에 해당하는 요약문은 각 장의 말미에 첨부되어 있다.

이 책의 발간을 맡아주신 박영스토리 대표님과 편집 및 교정을 담당해주신 편집진에게 진심으로 감사의 말씀을 드린다. 또한 이

책의 원고를 쓰는 동안 옆에서 필자를 격려해주고 도움말을 주신 박영무·강현석·정창화 교수님에게도 감사드린다. 그리고 이윤복·오승민 선생님에게도 고마운 마음을 전하고 싶다.

2015년 3월
허 영 식

차 례

제 5 장 간문화교육의 담론과 접근방안

제 6 장 간문화능력과 교사전문성

제 7 장 페기다(Pegida)의 빛과 그림자

제 1 장

차이 · 다양성의 문제와 간문화변동

|1| 간문화변동에 관한 담론과 맥락

|2| 간문화변동의 문제와 도전

|3| 간문화변동의 규범적 측면과 사실적 측면

제 1 장

차이·다양성의 문제와 간문화변동

|1| 간문화변동에 관한 담론과 맥락

21세기로 접어들면서 간문화적 관계와 상태는 상당히 극적인 방식으로 많은 사람들의 주의와 관심을 끌게 되었다. 서로 매우 다른 수준에서 발생한 개별적인 사건들이 공공적인 의식을 일깨우는 데 기여하였다. 일단 먼저 2001년에 발생한 9·11 국제테러와 더불어 그 이후 수백 명의 무고한 희생자를 수반하면서 마드리드와 런던 등지에서 터진 테러사건을 대표적인 보기로 들 수 있다.

유럽에서도 역시 서로 다른 문화 사이의 평화로운 사회통합에 대한 이념이 여러 군데에서 시험대에 오르게 되었다. 2004년 10개국이 새로 가입한 유럽연합의 확대과정과 그에 따른 불확실한 미래가 거론되고 있으며, 독일에서는 교육제도가 문화적 사회통합의 과제를 제대로 수행하지 못하고 있다는 진단이 내려졌다. 또한 세계화와 이주운동의 영향으로 인하여 기존의 노동시장과 사회복지제도가 새로운 도전을 받고 있으며 심각한 위기상황을 맞고 있다는 우려가 제기되고 있다.

얼마 전까지만 해도 다문화사회로의 전개과정이 마치 일차적으로 윤리적인 문제와 과제인 것처럼 보였다. 다문화주의의 옹호자들은 이것을 주로 사회정의의 질문으로 바라보았다. 즉, 이주자와 소수집단을 동등한 권리를 갖고 있는 시민으로 대우할 것을 요구했으며, 망명자와 외국인에 대한 제한적인 정책에 대해 비판을 가했으며, 민족적 소수집단의 지위를 단순히 돌봐주어야 할 시혜대상으로 간주하는 데 대해 비판을 했다. 이와 같은 맥락에서 사회구성원들이 관용능력을 갖추고 차별을 철폐하거나 감소시키는 데 기여할 수 있도록 적절하게 교육시켜야 한다는 요구사항을 제기하였다.

이와는 대조적인 입장을 취한 사람들, 특히 다수집단 혹은 주류사회의 주도문화가 요청된다는 명제를 주창한 사람들, 그리고 특수한 문화·민족보다 헌정애국주의(자유민주적 기본질서에 대한 충성)나 공화주의적 보편주의(초문화주의)에 대한 준거와 이에 대한 헌신이 더 중요한 우선순위를 차지해야 한다는 명제를 옹호한 사람들도 역시 도덕적·윤리적 측면에서 주장을 하고 논거를 제시하였다. 예를 들면, 도덕적·윤리적으로 서로 양립할 수 없는 문화적 가치의 병존이 수반할 수 있는 위험성을 지적하였으며, 평행사회로 나아갈 수 있는 위험성에 대하여 우려를 표명하였다.

그리고 이러한 경고와 우려가 맞아떨어지고 있다는 것을 보여주는 여러 가지 사례를 들고 있다. 물론 문화적 차이·다양성에 대한 이와 같은 도덕적·윤리적 담론은 의심할 바 없이 언제든지 필요하다. 그러나 다른 한편으로 간문화적 변동의 문제는 개방과 관용에 대한 도덕적·윤리적 요청만으로는 결코 제대로 이해할 수도 없고 해결할 수도 없다는 점에 유의해야 한다(Nicklas et al., 2006: 11).

왜냐하면 오늘날에는 다문화주의에 대한 찬반논쟁을 넘어서서 더 근본적인 문제가 제기되고 있기 때문이다. 21세기가 처한 상황을 살펴볼 때, 여러 가지 간문화적 문제를 적절히 처리하거나 해결해야 한다는 과제는 소수집단을 사회적으로 어떻게 다룰 것인가의 질문에만 국한된 것이 아니다. 오히려 간문화적 문제는 일반적인 생활조건이 되었다는 점을 여기서 다시 상기할 필요가 있다. 사회통합의 문제를 안고 있는 이주자의 특별한 생활조건은 이제 말하자면 사회 전체의 정상적인 관계와 상태로 변모하고 있다.

이것을 제대로 이해하고자 한다면 문화적 통합의 교육적 과제를 넘어서야 한다는 의미에서 발상의 전환 혹은 관점의 변경이 요청된다. 이 맥락에서 특히 우리 자신의 생활방식이 역사적·사회적 측면에서 안고 있는 상대성에 대하여 통찰해야 한다는 과제가 요청된다. 여기에 더하여 우리가 살고 있는 사회의 경제적·문화적 조건이 겪고 있는 급격한 변동, 즉 간단한 해결책을 허용하지 않는 급격한 변동에 대한 보다 더 현실주의적인 시각도 역시 필요하다. 만약 그러한 단순한 해결방안을 구하고자 한다면, 문화적 차이·다양성 측면에서 더 이상 피해갈 수 없는 생활조건을 적절하게 다룰 수 없게 될 것이다.

문화적 차이·다양성을 안고 있는 생활조건은 서로 밀접한 연관성이 있거나 아니면 서로 모순관계에 놓여 있는 여러 가지 측면과 원인을 포함하고 있다. 최근 우리가 경험하고 있는 간문화적 관계와 변동은 예를 들면 유럽연합이 겪고 있는 통합과정의 결과이면서 동시에 대내적·대외적으로 경계를 지으려는 경향의 결과이기도 하다. 또한 지구적 수준에서 전개되고 있는 정보화사회의 결과이기도 하다. 이것은 한편으로 필요와 욕구의 균등화·동질화를 수반하기도 하지만, 다른 한편으로 문화적 갈등의 요인을 제공하기도 한다. 경제적 세계화와 문화적 세계화가 뒤섞이면서 지방적 수준의 갈등과 연결되기도 한다. 이 모든 것은 물론 간문화교육을 통하여 처리하거나 해결하는 데 있어서 더 많은 노력과 시도를 요구하고 있다. 그러나 이것은 기존에 하던 것을 단순히 더 많이 하면 된다는 원칙에 따라 진행시킬 수 없다. 다시 말하면, 보다 더 근본적인 수준에서 문화적 차이·다양성과 문화변동을 다루고 처리할 수 있는 역량강화가 요청되는 것이다.

얼마 전까지 간문화적 변동을 다루기 위한 논의와 토론은 대개 개별적인 행위영역에 국한된 상태에서 분절적으로 이루어진 경향이 강했다. 간문화교육학이나 간문화적 사회복지사업에 관한 담론은 이주의 결과에 대한 개인적·사회적 대처방안과 관련된 질문을 다루었으며, 이 맥락에서 예를 들면 차이의 교육학이라는 접근방안을 모색하였다. 하지만 국제적인 수준에서 산업의 연결과 결합이 가속화되면서 이미 경영·관리부문에서 그리고 국제적 협업을 위한 계속교육의 여러 가지 모형에서도 역시 유사한 질문을 다른 방식으로 다루었다는 점이 배제된 상태로 남아 있었다. 거꾸로 간문화교육학 역시 이러한 영역을 인지하지 못했다. 그리고 교육과 사회복지의 두 가지 영역 모두에서 이루어진 담론을 되돌아보면, 예를 들면 유럽연합과 같은 초국가적 국제기구가 국제적인 만남·교류의 주제에 대하여 수행한 연구와 개발이 배제된 상태로 남아 있었다.

두 번째 종류의 분절화 현상은 여러 다른 나라에서 이루어진 논의와 토론에 해당한다. 세계화의 영향을 받고 있는 나라들이 부분적으로 비교할 수 있는 문제와 더불어 비교할 수 없는 문제 및 조만간 해소할 수 없는 적대관계를 어떻게 다루고 있는지에 대한 비교연구와 비평적인 취급이 아직 부족한 편이다. 이런 진단과 배경에서 출발할 때, 국제협력의 수준에서 간문화적인 논의와 토론의 활성화가 요청된다. 그리고 특히 간문화적인 사고와 행위의 주제영역에 대한 연구, 즉 간문화연구에 보다 더 많은 주의와 관심을 기울일 필요가 있다(Nicklas et al., 2006: 12).

그렇게 함으로써 오늘날 우리의 생활이 얼마나 문화적 교차지대와 갈등영역으로 점철되어 있는지를 명료화할 수 있다. 한편으로 특수한 집단의 요구 및 권리와 다른 한편으로 공동생활의 보편적인 규칙을 지향한 어려운 탐색과정 사이에서 발생하는 긴장지대에 대한 보다 더 자세하고 심층적인 탐구와 논의가 요청된다. 모든 종류의 간단한 해결방안에 대하여 경계를 하면서 분화적인 사고와 정책적 대안을 모색하는 일이 보다 더 바람직하고 현실적인 것으로 보인다.

이 맥락에서 타자를 다루는 방식과 관련하여 역사적인 발생과정과 더불어 국가적 수준에서 나타나는 서로 다른 전통에 대해 분석할 필요가 있으며, 세대와 성별에 따른 차이와 다양성, 간문화관리의 문제, 그리고 여러 간문화적 행위영역(교육, 사회복지, 미디어와 공론장, 보건제도, 경영 · 관리, 특히 지방수준의 정치를 포함한 정치, 예술 · 문화정책, 대학 · 연구소와 같은 연구기관 따위)에서 발생하는 사회통합과 차별의 문제도 다룰 필요가 있다. 여기에 더하여 또한 간문화적 변동과 문제에 대하여 실천적인 해결방안을 모색하는 데 있어서 적절한 단서와 도움을 제공해 줄 수 있는 다양한 형태의 개입과 교육적 · 조직적 방법에 대한 탐구도 역시 포기할 수 없는 연구과제로 설정해야 할 것이다. 어쨌든 간문화적 변동에 대한 사회적 논의와 취급을 특정한 영역이나 공간에 국한시키거나 분절화시키지 말고, 보다 더 통합(융합)적 관점에서 다루어야 한다는 기본적인 유의사항을 시야에서 놓쳐서는 안 될 것이다(Nicklas et al., 2006: 13-14; Kordes et al., 2006: 22).

|2| 간문화변동의 문제와 도전

서로 다른 생활형식 사이에서 그동안 당연한 것으로 간주되었던 것이 더 이상 당연하지 않은 것으로 나타나고, 목표와 결말이 아직 알려지지 않은 상태에서 탐색과 시험을 하지 않을 수 없을 때, 간문화변동의 문제와 도전이 등장한다고 볼 수 있다. 간문화변동의 문제와 도전이 지니고 있는 특징은 적어도 다음과 같이 세 가지 측면에서 정리할 수 있다.

(1) 과도기적 중간기간으로서의 간문화변동

간문화변동의 이론과 실천을 위해 우선 우리가 살고 있는 시대를 일종의 과도기적 중간기간(in-between time, Zwischenzeit)으로서 기술할 수 있는 사고방식이 요청된다. 즉, 기존의 상태는 더 이상 지탱하기 어렵게 되었으며, 그렇다고 하여 새로운 상태가 아직 확고하게 자리를 잡은 것도 아니다. 따라서 일종의 잠정적인 제도와 실천 속에서 적절하게 살아가지 않으면 안 된다. 이런 배경과 맥락에서 출발할 때, 간문화변동을 처음부터 역사의 개별적인 요인(인종·계급·성별 따위)에 의거하여 바라보고 해석할 수 없다.

오히려 계급과 경제, 인종과 민족, 성별과 세대, 종교와 신앙, 정치와 세계체제 사이의 네트워킹과 상호연결의 혼합(혼잡) 속에서 해석하고 다루지 않으면 안 된다. 세계적으로 떠돌아다니거나 순환하고 있는 사람, 영상, 아이디어, 재화와 계산(타산)을 포함하고 있는 시대에서 문자 그대로 세계적 규모의 상호작용성(interactivity, Interaktivitaet)이 대세를 이루고 있으며, 수없이 많은 정보는 사람들이 파악할 수 있는 범위를 훨씬 넘어선다. 지구촌사회 그 자체가 매우 유동적이고 질서가 잡히지 않은 지구촌문제가 되고 있다.

(2) 차이와 다양성의 공존을 지향한 간문화변동

간문화변동의 시대에서는 서로 다른 출신과 미래를 갖고 있는 사람들과 서로 다른 사고방식과 자원을 가진 사람들이 공존하지 않을 수 없는 상태에 놓여 있다. 이와 같은 공존의 실천 속에서 사람들은 미리 생각할 수 없고 예측할 수 없는 미래를 바라보면서 탐색과 시험을 하면서 움직여야 한다. 주로 하나의 문화가 지방적 수준에서 지배를 했던 과거와 비교해 볼 때, 현대사회에서는 서로 다른 여러 문화(세계관과 예술 포함)가 한 장소와 공간에서 병존하면서 살아가는 경향이 상당히 강해지고 있다.

따라서 오늘날에는 만남을 통한 운동의 시대라고 말할 수 있다. 하나의 장소와 공간에서 서로 다른 여러 문화가 서로 바라보고 비교할 수 있을 뿐만 아니라, 세계시장과 지구정보화사회의 특징을 띠고 있는 세계체제 전체 속에서 서로 다른 여러 곳에서 동시에 서로 뒤섞이고 있다. 부모와 교사, 사회복지사와 도시설계자, 정치가와 경영인, 학자와 전문가 모두 세계가 안고 있는 이 감당하기 어려운 복합성을 피해갈 수 없다. 따라서 우리는 사람들과 여러 국가 사이에서 벌어지고 있는 과정에서 공통점과 더불어 양립불가능성을 고려하지 않을 수 없으며, 그들의 상보성과 적대관계를 고려하지 않을 수 없다.

(3) 비동시성으로서의 간문화변동

기존의 근대화이론에서 키워드로 작용한 계급과 경제, 문화갈등이론에서 주제어로 다룬 문화와 종교, 문화변동과 문화지체의 이론에서 거론한 성별 및 세대와 같이 개별적인 측면을 다루었던 이론이 더 이상 충분하지 못하다는 진단을 내릴 경우, 우리는 간문화변동의 세 번째 특징에 주의를 기울이게 된다. 상기한 측면은 이제 점점 더 많이 서로 겹치거나 뒤섞이고 있다. 따라서 서로 다른 발달과정과 역사를 갖고 있는 사람들과 사회들이 만나고 충돌하면서 발생하는 과정에 우리의 관심을 집중하는 일이 중요하다.

상기한 바와 같이, 과도기적 중간기간에 간문화변동이 수반하는 갈등과 문제는 상당 부분 비동시성의 특징을 띠고 있다. 예를 들면, 신체적·심리적 측면에서 자신을 드러내거나 아니면 감추려는 학생, 서로 마음을 열거나 아니면 폐쇄적 자세를 취하는 다수집단과 소수집단, 일자리와 생산의 위상을 둘러싸고 서로 경쟁관계를 맺고 있는 대기업과 중소기업, 특정한 인구집단을 포용하거나 아니면 배제하고 있는 세계사회는 비동시성을 극명하게 보여주고 있다. 가족과 학교, 도시구역과 도시, 지역과 국가, 대륙과 세계 수준에서 관찰할 수 있는 바와 같이, 이와 같은 비동시성(혹은 비동시적인 것의 동시성, 동시적인 비동시성)은 서로 다른 사람과 집단 사이의 만남과 운동 속에서 발생하는 갈등관계와 변동에 대한 배경이 된다.

이러한 현상을 파악하고 이해하기 위해서는 하나의 확실하고 보편타당한 관점을 주장하거나 요구하는 것을 포기하지 않으면 안 된다. 간문화변동의 현상을 다루면서 사람들이 취할 수 있는 입장(계몽주의와 자유주의에 입각한 입장이나 관용적이고 연대의식을 갖춘 입장을 포함하여)이 내재적으로 안고 있는 상대성과 위상(존재)구속성을 인정하는 일이 보다 더 나은 이해를 위해 아마도 가장 중요한 전제조건인 것처럼 보인다. 뒤집어 표현하자면, 바로 여기에 관찰자 혹은 연구자의 맹점이 자리 잡고 있는 것이다(Kordes et al., 2006: 15-17; Luig, 2007: 88-89).

간문화변동의 역학은 여러 가지 방식으로 파악하고 처리할 수 있다. 예를 들면, 국가 수준의 경제에서 지구적 수준의 세계경제로의 이행을 염두에 두면서 계속적인 경제적 진화로 해석할 수 있으며, 디지털화된 새로운 생산방식에 초점을 맞추어 급격한 기술혁명으로 파악할 수 있다. 또는 세계관의 투쟁과 충돌에 강조점을 둘 수 있으며, 간문화변동의 역학을 주로 글로벌 거버넌스(global governance) 혹은 세계내치(세계협치)에 지향을 둔 발전과정으로 간주할 수도 있다.

그러한 관찰방식과는 대조적으로 다른 한편으로는 인간의 제도와 실천이라는 의미에서 문화가, 상기한 바와 같이, 그때그때 인지하고 파악한 변화에 비추어 볼 때 발맞추어 나아가지 못하고, 대개 훨씬 지체되고 있다는 점을 강조할 수도 있다. 그런데 바로 이 맥락에서 인간의 상호작용을 통해 다소 구성적으로 변화에 동참할 수 있는 제도와 실천의 가능성을 염두에 둔다면, 이제 우리는 보다 더 특정한 의미에서 간문화변동에 대해 말할 수 있게 된다. 상기한 변동의 역동적인 힘 그 자체를 통해서가 아니라, 오히려 인간에 의한 행위와의 상호작용을 통해 비로소 문화적 변혁이나 단층현상과 더불어 새로운 간문화적 창조의 영역이나 분야가 등장하는 것이다.

이러한 의미에서 전문가들은 전환이나 변형(transformation, metamorphosis)이라는 범주를 사용한다. 문화적 변형을 위해서는 물론 하나의 유일한 해결책이나 마치 자연법칙과 같은 해결책이 존재하는 것이 아니라 언제나 여러 가지 해결책이 존재한다. 변화하고 있는 생활 상태에 처한 사람들은 적어도 두 가지 대안을 갖고 있다. 그 하나는 자신의 과거와 전통으로 되돌아가려는 퇴행운동이며, 다른 하나는 새로운 역사적 추동력에 부응하려는 전진운동이다. 퇴행운동의 보기로는 가톨릭의 복고나 이슬람주의 따위를 들 수 있으며, 전진운동의 보기로는 계몽주의와 그 뒤를 이은 전위주의(avant-gardism) 혹은 오늘날의 정보기술 따위를 들 수 있다.

상기한 과도기적 중간기간으로서의 간문화변동이라는 의미에서 복합적인 현실 속에서 변형이나 전환의 작업을 수행하기 위해서는 사람들이 가능하면 새로운 생산방식과 생활조건을 기존의 생활설계와 적절히 조합함으로써, 구(舊)에너지와 신에너지를 결합하거나 아니면 그 반대로 어려움에 처할 것으로 예상된다. 어쨌든 변형을 위해서 사람들과 집단은 선택(option)을 할 수 있다. 그리고 이것은 특히 간문화변동에 더 두드러지게 해당하는 이야기이다. 왜냐하면 여기서는 어떤 통일된 변동이 문제가 되는 것이 아니라, 오히려 서로 다른 사람들과 집단이 여러 가지 다른 행위영역에서 상당히 많은 위험과 기회를 동시에 안고 있기 때문이다. 그런데 이 위험과 기회는 모두 정확히 계산할 수도 없고 충분히 활용할 수도 없으며, 바로 이런 이유로 인하여 가능한 변형이나 전환은 원칙적인 수준에서 바라볼 때 잠정적인 것으로 나타날 개연성이 그만큼 더 크다(Kordes et al., 2006: 17-18).

|3| 간문화변동의 규범적 측면과 사실적 측면

상기한 간문화변동은 어쨌든 구체적인 행위자를 통한 실현을 필요로 한다. 이해 그 자체만으로는 충분하지 못하다. 그렇다고 하여 고통을 그대로 감내한다면 그것도 역시 바람직하지 못한 일이다. 간문화적이라는 단어는 이미 행위의 개념을 시사하고 있다. 예를 들면, 간문화적 교육, 소통, 소통적 이해, 관리 등을 이미 내포하고 있다. 이 모든 것을 사람들은 종종 절박한 행위의 필요성과 연결시키려는 경향이 있다.

예를 들면, 극우파가 타자에 대한 박해를 개시하고자 한다면, 간문화적 만남의 센터가 설립된다. 이주자가 성교육(성적인 계몽)에 과도하게 부담을 느낄 경우, 간문화적 성교육 수업방안을 모색한다. 회사가 지사를 다른 나라에 설립하고자 한다면, 경영인 혹은 관리자를 대상으로 한 간문화훈련이 마련된다. 어쨌든 거기에 대한 토론은 대개 어떤 특정한 행위영역에 착근되어 있으며, 도대체 무엇을 어떻게 할 것인가의 질문을 다루게 된다.

예를 들면, 학교에서 문화적 갈등이 발생하거나 민족적 소속이 학교생활을 성공적으로 영위하는 데 방해물로 작용할 경우 어떻게 할 것인가의 문제가 제기된다. 특정한 도시구역이 사회적 고립지구(게토)나 평행사회로 변모할 위험성을 안고 있을 경우 어떻게 할 것인가의 질문이 제기된다. 중소기업도 역시 다국적으로 활동하는 단위로서 비로소 생존할 수 있다면 그러한 도전을 도대체 어떻게 감당할 것인가 하는 물음이 제기된다. 법적으로는 아직 시민권을 획득하지 못했지만 사실상 체류를 하고 있는 거주민을 어떻게 할 것인가 하는 근본적인 질문이 제기된다. 이주국가 도처에서 관찰할 수 있는 민족주의적인 경향이나 인종차별주의적인 경향에 어떻게 대처할 것인가 하는 문제를 처리해야 한다. 이 모든 경우를 살펴볼 때, 간문화변동은 대개 의지와 의도, 그리고 행위와 직결되어 있다.

그런데 이와 같은 간문화변동의 규범적 측면(원하는 바람직한 간문화성)은 그것을 포괄하고 있는 사실적 측면(사실적 수준의 간문화성)의 역사적 맥락에서 바라볼 필요가 있다. 이 사실적 수준의 간문화성에 해당하는 보기로는 식민지와 세계대전의 경험, 제2차 세계대전 이후 발생한 대규모의 난민·이주운동, 오늘날의 세계화나 문명충돌을 들 수 있다. 이 모든 것은 뿌리 깊은 역사적 경험을 포함하고 있다.

하지만 세계화의 사례를 통해 쉽게 예시할 수 있는 사항이지만, 국민국가 수준의 경제에서 초국가적 경제로의 이행을 핵심내용으로 포함하고 있는 사실과 현실을 인정하는 일이 충분히 이루어졌다고 결코 간주할 수 없으며, 또한 세계화가 수반한 결과에 대한 간문화적인 처리작업도 제대로 이루어졌다고 볼 수 없다. 물론 초강대국의 경제와 정치를 통해 자의적으로 설정되고 수립된 국제관계가 많은 사람들에게 일시적으로 마치 전혀 어떤 영향을 미칠 수 없는 자연법칙인 것처럼 인지되고 있다는 점을 부인할 수 없다.

하지만 다른 한편에서 바라볼 때, 사실적인 것이 발휘하는 규범적인 힘(사실적인 것의 규범적 힘)이 정말 마치 자연법칙인 것처럼 계속해서 우리의 의식을 결정한다는 보장은 없다. 왜냐하면 우리가 그러한 사태의 본질을 의식하게 되거나 아니면 충돌과 갈등을 통하여 의식을 하지 않으면 안 되는 상황이 도래할 경우, 그 사실적인 것의 규범적 힘은 한계에 봉착할 것이기 때문이다. 다시 말하면, 이른바 정체성의 힘은 그러한 기존관계의 의미와 타당성을 검토할 수 있으며, 변화(변형)를 위한 새로운 설계(선택)를 개발할 수 있다. 그러나 그러한 대항세력도 역시 기회 측면에서 언제나 확실하게 보장하거나 신뢰할 수 없으며, 또한 원하거나 바람직한 것에 대한 과도한 동일시로 인하여 거꾸로 현실감각을 상실하거나 많은 사람들의 고통에 대한 감수성을 상실할 위험성을 언제나 안고 있다(Kordes et al., 2006: 18-19).

예를 들면, 유럽연합은 상기한 두 가지 경향(즉, 한편으로 변형을 위한 새로운 선택과 다른 한편으로 기회활용의 한계 및 현실감각 상실)을 극명하게 보여주는 대표적인 사례로 간주할 수 있다. 다시 말하면, 유럽연합을 간문화적 변형의 본보기로 삼을 만한 것이다. 적어도 절차와 협상의 형식적인 측면에서 살펴볼 때, 유럽연합은 상호작용(interaction)과 해석(interpretation), 그리고 개입(intervention)의 간문화적 방법을 적절하게 잘 활용하고 있는 모범사례로 간주할 수 있다. 역사적·정치적·경제적 상황의 구체적인 균형을 고려하면서 나름대로 적절한 선택과 변형을 추구한다는 점에서 유럽연합은 간문화변동의 긍정적인 측면을 모범적으로 보여주고 있다.

하지만 다른 한편에서 바라볼 때, 내용적인 측면에서 부족한 점을 노정시키고 있다. 예를 들면, 사회보장제도를 축소하거나 철폐시키는 자유무역지대와 이것이 구체적인 생활상태에 대해 수반하는 결과, 이러한 결과를 소위 '유럽 요새'의 강화와 확충을 통해 경감시키고자 하는 시도와 여기서 다시 발생하는 결과, 세계경제와 세계적인 이주운동 사이의 연관성과 더불어 이것과 불가분하게 연결되어 있는 유럽통합과정, 거기서 등장하는 사회문화적 단층현상을 처리하기 위한 기회와 위험에 대한 분석, 그리고 민주주의와 국가경쟁 사이의 연관성에 대한 해결되지 않은 문제가 여전히 남아 있다.

상기한 유럽연합의 사례를 통해 확인할 수 있는 바와 같이, 결국 간문화변동의 규범적 측면을 언제나 사실적 측면과 연관시켜야 변형이나 전환을 위한 보다 더 현실적인 대안을 모색할 수 있다는 점을 다시 강조할 필요가 있다. 그럼에도 불구하고 규범적 측면과 사실적 측면을 연결시켜야 한다는 기본적인 과제와 관련하여 여전히 실천적인 문제가 남아 있다. 기껏해야 탐색운동과 실험적 실천에서 규범적 측면과 사실적 측면을 연결시키는 과제를 다룰 수는 있지만, 쉽게 해결할 수 없는 어려운 과제라는 점을 인정해야 한다.

여기에 더하여 또한 이론적인 문제도 여전히 남아 있다. 즉, 규범적 측면과 사실적 측면의 연결을 전체적으로 다루는 일 자체가 거의 불가능한 과제이다. 물론 부분적으로 기여를 할 수는 있지만, 매우 다양한 갈등영역에서 간문화적인 문제의 전체 지평을 헤아리고, 더 나아가서 실천으로서의 간문화적 개입에 대하여 근거를 수립하고 적절한 방법적 접근방안을 제시하기는 매우 어려운 일이다. 이러한 과제를 수행할 수 있고 또한 초학문적 수준에서 비로소 개발될 수 있는 가칭 '간문화성의 학문'은 아직 존재하지 않는다(Kordes et al., 2006: 19-21).

간문화변동은 기껏해야 아직 종결되지 않은 인간의 시도만을 가치평가와 비판적 논의의 대상으로 삼을 수 있다. 이 맥락에서 간문화변동의 본보기를 다음과 같이 몇 가지 들 수 있다. 식민화된 인도가 다민족 · 다종교 민주주의로 변형 혹은 전환되는 데 있어서 간디(Gandhi)가 적지 않은 기여를 하였다. 그때 간디는 "어떤 문화도 배타적으로 나가려고 한다면 생존할 수 없다."라고 하는 모토를 내세웠다. 남아공화국에서 과거에 악명 높았던 인종차별정책(apartheid)이 무지개공화국(rainbow republic)으로 변형된 일도 간문화변동의 대표적인 사례로 간주할 수 있다. 이때 만델라(Mandela)의 구호("유색인종이 백인을 지배하지 않도록 하면서 화해를 통해 단합된 국가를 건설하자.")를 다시 상기할 필요가 있다. 유럽에서 그동안 서로 적대관계에 놓여 있던 국민과 국가들이 유럽연합으로 이행하는 과정도 역시 간문화변동의 모범적 사례로 지적하지 않을 수 없다. 여기서 유럽통합의 아이디어를 제시했던 모네(Monnet)가 주도적인 역할을 수행하였다.

그런데 상기한 간디, 만델라, 모네가 수행했던 모든 것을 21세기의 현대인도 역시 원칙적인 수준에서 수행할 수 있다. 특히 평화로운 공동생활을 위한 과정에서 전문성을 갖고 개입함으로써 작은 실천부터 시작하는 것이 중요하다. 예를 들면, 세계화에 제대로 적응하지 못한 사람들 사이의 관계, 그중에서도 이주자와 정주자 사이의 관계에서 적절하게 개입할 수 있는 방안이나 방법을 모색할 수 있다. 또한 근본주의로의 경향을 띠는 세력, 이를테면 경제적 세계화나 아니면 거꾸로 이슬람주의 측면에서 근본주의 경향을 띠는 세력을 어떻게 적절하게 다룰 것인가의 문제에 주의를 기울일 수 있다.

이때 거만하거나 오만한 태도는 별 도움이 되지 않으며, 오히려 자기 자신의 이성 그 자체를 다른 사람들을 위해 열어줄 수 있는 능력이 요청된다. 인간 · 사회 · 세계체제의 상호작용성과 간문화성이 파괴되지 않도록 하거나 적어도 그러한 파괴력을 누그러뜨리기 위해서는, 세계화에 대하여 우리가 갖고 있는 무리한 기대나 요구를 포기하고, 보편성에 대한 우리의 주장과 요구를 어느 정도 버릴 줄도 알아야 한다. 다시 말하면, 우리가 갖고 있는 경제와 종교, 가치와 권리를 모든 사람들에게 전달하거나 심지어 강요하려는 자세를 자제하거나 지양할 필요가 있다. 이와 같은 연장선상에서, 우리 자신이 언제나 우월하거나 더 잘 알거나 부유하거나 아니면 신에 더 가까이 다가가 있다는 착각에서 벗어나, 간문화성의 진정한 의미에서 일단 먼저 공동으로 탐색하고 시험해 본다는 마음가짐을 갖추어야 한다(Kordes et al., 2006: 23-24).

요 약

21세기가 처한 상황을 살펴볼 때, 여러 가지 간문화적 문제를 적절히 처리하거나 해결해야 한다는 과제는 소수집단을 사회적으로 어떻게 다룰 것인가의 질문에만 국한된 것이 아니다. 오히려 간문화적 문제는 일반적인 생활조건이 되었다는 점을 여기서 다시 상기할 필요가 있다. 사회통합의 문제를 안고 있는 이주자의 특별한 생활조건은 이제 말하자면 사회 전체의 정상적인 관계와 상태로 변모하고 있다. 이러한 맥락에서 간문화변동에 대한 사회적 논의와 취급을 특정한 영역이나 공간에 국한시키거나 분절화시키지 말고, 보다 더 통합(융합)적 관점에서 다루어야 한다. 오늘날 간문화변동의 문제와 도전이 지니고 있는 특징은 적어도 세 가지 측면, 즉 과도기적 중간기간으로서의 간문화변동,

차이와 다양성의 공존을 지향한 간문화변동, 그리고 비동시성으로서의 간문화변동에서 정리할 수 있다. 그런데 이와 같은 간문화변동은 규범적 측면에서뿐만 아니라, 더 나아가서 그것을 포괄하고 있는 사실적 측면의 역사적 맥락에서도 역시 바라볼 필요가 있다. 이 사실적 수준의 간문화성에 해당하는 보기로는 식민지와 세계대전의 경험, 제2차 세계대전 이후 발생한 대규모의 난민·이주운동, 오늘날의 세계화나 문명충돌을 들 수 있다. 이 모든 것은 뿌리 깊은 역사적 경험을 포함하고 있다. 또한 규범적 측면과 사실적 측면을 연결시켜야 한다는 기본적인 과제와 관련하여 여전히 실천적인 문제와 더불어 이론적인 문제가 여전히 남아 있다. 이러한 난점에도 불구하고, 평화로운 공동생활을 위한 과정에서 전문성을 갖고 개입함으로써 작은 실천부터 시작하는 것이 중요하다. 이때 거만하거나 오만한 태도는 별 도움이 되지 않으며, 오히려 자기 자신의 이성 그 자체를 다른 사람들을 위해 열어줄 수 있는 능력이 요청된다. 인간·사회·세계체제의 상호작용성과 간문화성이 파괴되지 않도록 하거나 적어도 그러한 파괴력을 누그러뜨리기 위해서는 간문화성의 진정한 의미에서 일단 먼저 공동으로 탐색하고 시험해 본다는 마음가짐을 갖추어야 한다.

제 2 장

다문화사회의 통합을 위한 접근방안으로서의 간문화주의

제 2 장

다문화사회의 통합을 위한 접근방안으로서의 간문화주의*

세계화가 진행되면서 상품과 화폐의 세계적인 교류만이 증가한 것은 아니다. 사람도 역시 국제적 수준에서 점점 더 많이 이동하고 있다. 오늘날 간문화적 만남이 일상적인 일이 되고 있다. 이런 추세와 더불어 사회통합과 관련된 문제가 세계 여러 곳에서 정책의제로 다루어지고 있다. 또한 공공적인 담론에서 세계화와 문명충돌에 대한 토론이 이루어지고 있으며, 사회통합과 평행사회(평행문화·평행세계)의 긴장관계가 거론되고 있다. 세계화의 긍정적·부정적 측면을 고려할 때, 기본적인 과제는 가능하면 문명충돌의 위험성을 줄여나가고, 간문화적 대화와 실천의 가능성을 확장하는 데 놓여 있다.

다문화사회에서 사회통합의 과제는 한편으로 차이와 다양성, 그리고 다른 한편으로 정체성·통일성·시민성 사이의 긴장관계(Georgi, 2008: 79-81; 허영식, 2010: 63-65)를 고려하면서, 평화로운 공존·병존·교류·통합 따위가 가능하도록 공동체적 연대의식을 확고하게 수립하는 데 놓여 있다. 이 맥락에서 다문화와 사회통합(혹

---

* 제2장의 내용은 「다문화와 인간」 제2권 제2호(2013.12.)에 게재한 필자의 글을 부분적으로 수정·보완한 것임.

은 국가정체성)의 긴장관계를 둘러싼 정책과제 및 연구과제에 대한 논의를 활성화해야 한다. 즉, 다문화성과 집단정체성의 긴장관계를 어떻게 설정할 것인가 하는 근본문제에 대한 해결방안을 탐색하지 않으면 안 된다.

여러 이주국가에서는 이주운동, 이와 관련된 규정과 조정, 이주배경을 가진 시민의 사회통합문제가 핵심적인 주제로 다루어지고 있다. 이 과정에서 이주배경을 가진 사람들에게서 사회통합에 기여하려는 의지가 부족하다는 것이 여러 곳에서 확인되었다. 이것은 사회통합을 지향한 노력과 시도를 강화해야 한다는 점, 그리고 문제에 적합한 사회통합을 위하여 적절하고 효과적인 접근방안을 모색해야 한다는 점을 잘 보여주고 있다.

최근 유럽의 동향을 살펴보면, 그동안 모범적인 다문화주의 정책을 표방해 왔던 영국과 네덜란드에서 2000년대에 들어와 반전이 이루어졌으며, 이 맥락에서 관용적 다문화주의에서 국가통합정책으로 방향을 선회하거나 아니면 다문화주의에서 적어도 부분적으로 간문화주의로 방향을 돌리는 경우가 발생하고 있다. 이와 같은 반전이나 방향전환이 이루어진 사실을 일단 진지하게 받아들이고, 그 배경과 근거에 대한 보다 더 자세한 탐구를 통해 적절한 사회통합정책을 강구할 필요가 있다(허영식·정창화, 2012a: 4-6).

이러한 문제의식에서 출발하여, 이 장은 지속가능한 정책·담론을 위한 대안적 접근방안으로서 특히 간문화주의를 통한 사회통합방안을 탐색하는 데 주된 목적이 있다. 이러한 목적에 도달하기 위하여, 우선 간문화주의의 개념과 특징에 대해 살펴보고, 이어서 다문화주의의 한계와 더불어 간문화주의로의 전환이 필요하다는 점에 주의를 기울인다. 그 다음 사회통합을 위한 간문화주의의 정책적·제도적 실천사례를 소개한다.

|1| 간문화주의의 개념과 특징

간문화주의의 이론적 기초를 살펴볼 때, 다문화적 현실(다문화성)에 대하여 여러 사회과학자들이 간문화담론·소통·대화를 통하여 보다 더 적절하게 대처해야 한다는 견해를 피력하고 있다. 이 맥락에서 간문화만남·선택·변형을 확장하고 심화시키기 위한 탐색운동과 시험적 운동이 존재한다. 이러한 시도와 움직임은 네 가지 측면, 즉 사이에서 생각하고 행한다는 의미에서의 간성(間性, inter-ity), 인간과 환경 사이의 관계를 구성한다는 의미에서의 간문화성(interculturality), 투쟁과 대화로서의 간문화적 만남, 그리고 토론과 논쟁으로서의 간문화적 선택과 변형에서 다문화주의 및 초문화주의와 구별할 수 있다.

이와 같은 이론적 기초 위에서 추진되는 정책을 살펴보면, 간문화주의는 차이(다문화주의)나 공통점(초문화주의)뿐만 아니라, 경계와 접촉의 서로 겹치는 부분, 상호의존·침투에 주의를 기울인다. 문화란 풍속습관과 가치, 인정을 위한 투쟁(다문화)만을 의미하는 것도 아니며, 법적 원리와 규범, 이해관계, 분배를 둘러싼 투쟁(초문화)만을 의미하는 것도 아니다. 간문화적 문제점은 문화와 정치 사이의 연관성(다문화)에 국한된 것도 아니며, 시민사회와 개인들 사이의 연관성(초문화)에 국한된 것도 아니다. 상호이해는 타자와 이방인을 인식하고 인정(다문화)한다고 해서 이루어지는 것도 아니고, 공통점과 친숙한 것을 인식하고 인정(초문화)한다고 해서 이루어지는 것도 아니다. 역사를 다문화적 혹은 초문화적 관점에서 완결시키는 일보다는 오히려 역사를 언제나 다시 열려는 목적을 갖고 탐색 및 시험을 하는 과정이나 운동을 더 강조한다. 문화와 집단의 특수성(다문화)을 넘어서서, 다양한 국제관계의 보편성(초문화)을 넘어서서 간문화적 운동을 선택한다. 이것은 예를 들면 여성용 두건을 둘러싼 논쟁에서 금지(초문화)나 관용(다문화)보다 더 분화되고 민감한 해결방안을 모색하고 강구하는 데 도움을 준다.

이러한 정책과 관련된 행위영역을 바라볼 때, 간문화주의는 다문화주의와는 대조적으로 가능하면 개인의 자율성에 도달하도록 고무시키고, 가족과 출신배경에 의존하고 있는 상태를 완화시키도록 한다. 하지만 부모의 종교와 문화로 되돌아갈 수 있는 자유도 부여한다. 초문화주의와는 대조적으로 개인·집단이 국가와 학교에 의한 명령과 부당한 요구를 감수하는 것이 아니라, 그것을 간파하고 해석하도록 주의를 기울인다. 간문화성은 고유한 행위분야나 행위체제를 나타내는 것이 아니라, 여러 실천영역이 겹치는 국면에 속한다. 또한 인정과 가치의 문화적 분야에 국한된 것이 아니라, '사이에 놓인 상태 또는 성질'을 나타낸다는 의미에서 간성과 관련된다. 문화적 측면과 (사회적 배분과 경제적 이해관계의) 구조적 측면 사이에 놓여 있는 것과 관련된다. 혼성화(hybridization)는 모든 간문화적 행위영역에 특징적인 현상이다. 체제이론의 의미에서 행위체제는 간문화사업을 간체제(intersystem)관계로 만들어간다. 공무원 채용과 관련하여 이슬람여성의 두건을 둘러싸고 갈등이 벌어질 경우, 학교·경찰·법원·청소년복지사업 사이에서 간체제관계가 발생한다. 민족청소의 위험을 안고 있는 지역이나 테러분자들의 기지로 사용되고 있는 지역에 파병할 경우, 정치·군사·경제

사이에서도 역시 간체제관계가 등장한다.

간문화적이라는 말을 누가 고안했는가의 질문과 관련해서는 구체적인 인물을 거론하기 어려우며, 대개 미국의 '간문화교육국'과 연관시켜 그 유래를 거론하고 있다. 이 부서는 1924년부터 1945년 동안에 걸쳐 활동을 하였으며, 그동안 전개되고 추진되었던 동화 및 용해의 문화변용정책을 대체하려는 시도를 보였다. 유럽에서는 특히 서유럽으로 이주해 들어온 노동자들의 통합문제와 관련하여 1970년대 말에 유럽이사회에 의해서 사회제도의 구성과 확충을 위하여 '간문화선택(intercultural option)'으로의 전환이 요청된다는 점이 강조되기 시작하였다. 이러한 움직임은 프랑스의 경우 그동안 문화적 요소를 별로 고려하지 않은 동화정책을 중단하고, 독일의 경우 그동안 진행되었던 독일문화 위주의 선별정책, 그리고 영미계통의 다문화주의와 거리를 유지하려는 시도와 비슷한 맥락에서 발생하였다. 어쨌든 간문화주의와 간문화교육이라는 용어는 유럽연합 수준에서 혹은 유럽대륙의 여러 나라에서 많이 사용되고 있다(Demorgon and Kordes, 2006: 33-35; 허영식, 2010: 34-38; 허영식·정창화, 2012a: 23-25).

여기서 다시 간문화성의 핵심적인 특징인 '간성' 혹은 '사이공간'에 주의를 기울인다면, 이것은 일단 하나의 큰 문화를 가정하는 단일문화에 저항한다. 이 맥락에서 또한 자기가 속한 민족이나 국민을 중심에 놓으려는 경향인 자민족중심주의와도 거리를 유지하고자 한다. 다른 한편으로 간문화주의는 단순한 다문화주의와도 거리를 유지하고자 한다. 이때 단순한 다문화주의는 여러 문화의 다양성을 뜻한다고 하기보다는 오히려 자기가 속한 문화를 여러 다른 문화 중 하나의 임의적인 문화라고 간주하려는 평준화의 시각을 함축하고 있다.

다시 말하면, 단일한 통일성(단일문화)과 다양성(다문화)으로 환원시킬 수 없는 간성 혹은 사이공간은 우리 중 어느 누구도 홀로 달성할 수 없는 것을 의미하며, 따라서 그 발생과정을 제3자가 임의로 조정할 수 없다는 점을 함축하고 있다. 또한 우리가 타자를 만날 경우, 단순히 바깥에서 만나는 것이 아니라, 오히려 우리가 살고 있는 '글로컬 생활세계(glocal life-world)'(김태원, 2012: 73-75)의 내부에서, 우리가 살고 있는 나라와 문화에서 만나는 경우가 적지 않으며, 이때 낯섦의 정도도 역시 매우 다양한 양상을 띨 수 있다. 이것은 결국 자기 자신과 타자 사이의 연결과 결합 혹은 뒤얽힌 관계(entrelacs, 앙트르라)에서 연유한다(Waldenfels, 2010: 22-26).

간문화주의에서는 특히 다른 문화에 대한 감수성과 간문화이해를 강조한다. 이 맥락에서 일단 이해하려는 준비와 자세를 함축하고 있는 감수성은 다음과 같이 네 가지 측면을 지니고 있다. 첫째, 간문화관계에서 어떤 문제가 도전으로 다가올 경우, 도대체 무엇이 문제가 되고 있는지를 바라보는 것, 아니면 적어도 바라보려는 의지가 중요하다. 둘째, 인지의 측면이 중요한데, 이것은 어떤 문제를 있는 그대로 파악한다는 것을 뜻한다. 셋째, 문제가 되는 무엇 또는 누구로 하여금 언어로 표출할 수 있도록 도와주어야 한다. 문제가 되는 것은 누군가를 통하여 말해질 수 있어야 하고 언어를 통하여 묘사(토의·논박)될 수 있어야 한다. 넷째, 그러한 것이 성공적으로 이루어지려면 이미 갖고 있던 이해(판단·비난·거부 따위 포함)를 일시적으로 정지·중단·유보해야 한다.

하지만 간문화이해가 언제나 성공적으로 이루어지리라는 보장은 없다. 바로 그렇기 때문에 '이해의 문화'와 더불어 심지어 '몰이해의 문화'도 염두에 두어야 한다. 즉, 완전히 이해할 수 없는 상태를 그대로 방치하지도 않고, 순박하게 '인정의 도덕'에만 호소하지도 않는 균형감각을 갖춘 문화의 가능성에도 주의를 기울여야 한다. 따라서 간문화이해에 대해 순진하게 과도한 기대를 걸 경우, 오히려 의도하지 않은 정반대의 결과, 즉 오해와 오인, 잘못된 판단으로 반전하는 현상이 발생할 수도 있다는 점을 언제나 염두에 두어야 한다.

그러한 정반대의 귀결을 예방하기 위해서는, 몰이해의 원인이나 출처를 일방적으로 타자에게서 찾거나 아니면 타자에게 돌리거나 하지 말고, 오히려 타자의 눈으로 바라보면서, 즉 타자의 시각·관점에서 자기 자신을 이해의 문제로 바라보려는 자세와 태도가 요청된다. 다시 말하면, 진정한 의미에서 간문화이해가 성공적으로 이루어질 수 있는 개연성을 제고시키기 위해서는 사회적 관점취득(SPT: social perspective-taking)과 더불어 필요한 경우 관점변경(perspective-changing)을 수행하려는 자세와 태도가 중요하다(Liebsch, 2010: 48-54; Porschke, 2011: 106; 허영식·정창화, 2012b: 105-109).

|2| 다문화주의의 한계와 간문화주의로의 전환

(1) 다문화주의 모형의 한계에 대한 비판

캐나다와 비교해볼 때, 영국이 도대체 국가수준에서 체계적인 다문화주의 정책을 도입하고 실행한 적이 있는가 하는 질문이 부분적으로 제기되고는 있지만, 그럼에도 불구하고 어쨌든 유럽에서는 네덜란드와 더불어 영국은 일반적으로 다문화주의 정책을 표방하고 실행에 옮긴 대표적인 나라로 간주되어 왔다. 그런데 2000년대에 접어들면서 일련의 사회적·정치적 사건(보기: 2001년 영국 북부 도시에서 발생한 비백인계 소수집단 관련 갈등·폭력사태, 2001년의 9·11 국제테러, 2005년 7월 7일 런던에서 발생한 테러사건)을 배경으로 하여, 다문화주의에 대한 비판여론이 조성되었으며, 이와 관련된 담론이 확산되었다(육주원·신지원, 2012: 120-121; 허영식·정창화, 2012a: 43). 다문화주의에 대한 비판은 크게 좌파의 비판과 우파의 그것으로 구분하여 다음과 같이 요약할 수 있다.

표 2-1 다문화주의의 한계에 대한 비판

좌파의 비판	우파의 비판
• 문화주의에 경도되어 있으며, 인종차별주의에 근거한 사회경제적 불평등 문제 은폐 • 정체성과 문화를 고정불변의 것으로 간주하고, 인종적 · 문화적 소수자를 이미 정해진 정체성을 가진 존재로 분류 • 인종적 소수집단을 집단적 타자로 간주하고, 몇몇 대표의 의견만을 반영한 정책을 집행함으로써, 소수집단 내의 다양성을 반영하지 못하거나 내부갈등을 조정 · 해결하지 못함	• 분리주의의 조장 • 공동의 가치 위협 • 정치적 올바름(political correctness)의 미명 아래 건전한 토론 방해 • 극단주의 테러분자 양산 • 흑인 청소년의 범죄 묵인 • 여성억압의 기제로 이용

출처: 육주원·신지원, 2012: 122-126; 허영식·정창화, 2012a: 43 재구성

상기 비판 중에서 최근에는 우파의 비판에 더 비중이 놓여 있는 것으로 보이며, 이러한 상황과 맥락에서 공동체의 결속과 사회통

합, 그리고 다양성 속의 통일성이라는 키워드가 부각되면서, 한편으로 문화적 다양성과 다른 한편으로 사회 전체의 통합 혹은 국가 정체성 사이의 긴장관계가 담론과 정책의 방향성을 탐색하는 과정에서 주된 요인으로 작용하고 있다(육주원·신지원, 2012: 126-130; 허영식·정창화, 2012a: 44).

유럽에서 다문화주의 정책을 모범적으로 실시했던 네덜란드에서도 역시 반전이 이루어졌다. 2003년 이래 네덜란드는 유럽에서 체계적인 국가통합정책의 본보기가 되었다. 여기에는 해당자에게 이수해야 할 의무를 지운다는 의미에서 구속력 있는 통합강좌, 귀화를 위해 필수로 거쳐야 하는 시험, 이산가족의 결합을 하기 전에 거쳐야 하는 어학시험, 그리고 나중에 뒤따라 들어오는 이주자에 해당하는 최소결혼연령의 상향조정이 포함되었다. 다문화주의적 관용정책과 반전 이후 추진되고 있는 체계적 국가통합정책을 비교하여 도식화하면 다음과 같다.

표 2-2 다문화주의적 관용정책과 체계적 국가통합정책의 비교

다문화주의적 관용정책	체계적 국가통합정책
• 스스로를 다문화적인 나라라고 규정 • 관용의 정책과 차이의 정당성을 인정하는 정책을 계획 • 공식적 목표: 내국인과 동등한 권리를 갖춘 외국인의 충분한 참여, 경제적 상황의 개선, 외국인의 법적 지위를 내국인과 동일한 상태	• 해당자에게 구속력 있는 통합강좌 요구 • 귀화를 위해 필수로 거쳐야 하는 시험 • 이산가족의 결합을 하기 전에 거쳐야 하는 어학시험 • 나중에 뒤따라 들어오는 이주자에 해당하는 최소결혼연령의 상향조정

로 조정, 차별의 금지 • 보수당 수상이 이슬람사원과 힌두교협회 방문, 외국인을 위한 지방선거권 도입 • 개방적인 사회와 국가의 본보기 제시 • 귀화절차의 간소화 • 원칙적으로 복수국적 허용 • 좌파정당과 더불어 보수정당도 모든 수준에서 이주배경을 가진 의원 확보 • 이주민단체에 대한 재정적 지원 • 국가수준에서 이슬람 · 힌두교의 의식과 제도 인정	• '출신국가에서의 첫 번째 통합'에 관한 법률 마련(2006)(네덜란드로 이주하기 전 출신국가에서 'A1－' 수준(문어지식을 요구하지 않는 수준)의 간단한 어학시험을 통과한 자에게만 이주허가; 특히 가족이주자에게 해당) • 정부의 부르카금지법 의결(2011)(공공장소에서 얼굴을 포함하여 전신을 가리는 옷의 착용을 금지하는 조치로서 프랑스가 취한 조치와 밀접한 관련이 있음; 독일에서도 이에 대한 요구가 계속 제기되고 있음)

출처: Michalowski, 2006: 31－32; Thraenhardt, 2011: 2－4; Conrad, 2011b: 1－2; 허영식·정창화, 2012a: 143 재구성

이제 독일 보수진영의 입장을 분석해 볼 때, 정치가들이 그동안 독일에서 다문화사회 혹은 다문화주의는 실패했다는 진단을 명시적으로 내놓고 있다는 사실을 확인할 수 있다. 그들은 다문화사회에서 사회통합을 위한 핵심적인 관건을 공화주의적 주도문화(즉, 자유민주적 기본질서 혹은 민주법치국가에 입각한 시민정치문화로서의 헌정애국주의)의 구현에서 찾고 있다. 이 맥락에서 또한 언어·종교와 같은 문화적 요소의 의미와 중요성을 강조하기도 한다.

바로 여기서 우리는 프랑스가 공식적으로 표방하고 있는 초문화주의(공화주의적 보편주의)와의 미묘한 차이를 발견할 수 있다. 프랑스의 초문화주의는 철저한(엄격한) 세속주의(정교분리주의)에 입각하고 있는 반면, 독일의 주도문화는 부분적으로 기독교의 가치나 인간상에 대한 신봉을 추가로 요청하고 있다는 점을 확인할 수 있

다. 프랑스의 초문화주의가 반영된 구체적인 정책은 최근 프랑스 정부가 추진하고 있는 사례(보기: 공공장소에서 부르카착용 금지조치; 대도시의 거리에서 예배를 보는 행위 금지조치)에서 확인할 수 있다.

••• 표 2-3 프랑스의 초문화주의와 독일의 주도문화 비교

프랑스의 초문화주의	독일의 주도문화
• 공식적으로 공화주의적 보편주의 표방 • 엄격한 세속주의(정교분리주의)에 입각 • 민족적·종교적 동일시에 대하여 거리를 유지할 수 있는 시민의 능력과 자세를 전제로 함 • 경우에 따라서는 저항이 있더라도 그러한 거리유지를 관철시키지 않으면 안 됨 • 최근 프랑스정부가 추진하고 있는 정책(공공장소에서 부르카금지, 거리에서 예배금지)에서 확인 가능 • 하지만 사회경제적 불이익과 차별대우, 차별의 경험, 사회적 공간측면에서 이주민의 고립과 분리가 다시 민족과 종교로 회귀하는 과정을 조장하게 되면 문제가 됨	• 헌정애국주의(자유민주적 기본질서 혹은 민주법치국가에 입각한 시민·정치문화)에 입각 • 부분적으로 기독교의 가치나 인간상에 대한 신봉을 추가로 요청 • 일부 사회·정치세력은 독일의 전통과 역사에 입각한 문화적 요소도 주도문화에 포함시키려고 시도 • 명예살인, 강제결혼, 이슬람여성이 걸치는 두건과 부르카, 이슬람여학생의 교육활동(성교육, 생물과목, 수영강습, 수학여행) 참여 여부, 평행사회, 다문화주의, 주도문화 따위와 관련된 문제를 둘러싸고 통합관련 담론 및 논쟁이 진행되고 있음

출처: Kleber, 2011: 1-2; Conrad, 2011: 1-2; 허영식·정창화, 2012a: 153 재구성

독일 보수진영에서는 대개 다문화주의와 주도문화를 양립하기 힘든 대립개념으로 파악하려는 경향을 발견할 수 있다. 하지만 주도문화에 대한 최근의 담론에 비추어 볼 때, 다른 한편으로는 다

문화와 주도문화를 대립관계로 바라보던 기존의 관점을 수정하려는 시도도 역시 관찰할 수 있다. 다문화와 주도문화의 두 가지 준거를 서로 대조적이면서 양립 불가능한 요인으로 간주할 경우, 가상적인 대안을 설정하는 오류에 빠질 수 있다는 견해가 있는 것이다.

왜냐하면 사실상 이미 다문화사회 혹은 이주사회가 된 독일의 경우를 고려할 때, 다문화사회 혹은 이주사회는 자체의 지속가능한 유지·발전을 위하여 주도문화를 필요로 하기 때문이라는 것이다. 이 입장에서 바라볼 때, 문화적·민족적·종교적 측면에서 독일사회가 안고 있는 새로운 내적 다양성을 일단 인정하고, 그 다양성과 더불어 살아가는 것이 더 중요한 과제라는 것이다. 물론 이때 '아무래도 다 좋다.'라고 하는 가치상대주의의 위험성에 유의할 필요가 있기는 하다(Lau, 2007: 5; 허영식·정창화, 2012a: 153-154 재인용).

(2) 사회통합을 위한 주도문화논쟁의 함의

앞에서 언급한 바와 같이, 독일에서는 2000년에 접어들어 다문화사회의 사회통합문제와 관련하여 '주도문화(Leitkultur, leading culture)'에 대한 논쟁이 시작되었다. 논쟁에 참여한 사람들의 입장은 다양하게 드러났지만, 분석의 편의를 위해 크게 두 가지 입장으로 정리하자면, 그 하나는 주도문화 대신에 헌정애국주의를 사회통합의 관건으로 간주하자는 입장으로, 그리고 다른 하나는 헌정애국주의를 넘어서서 추가로 공통의 역사·전통·언어·종교 등 문화적인 요소를 사회통합을 위한 주도문화에 포함시켜야 한다는 입장으로 집약할 수 있다(허영식·정창화, 2012a: 45).

다문화사회의 사회통합을 위한 방안의 틀 속에서 주도문화의 개념을 둘러싸고 벌어진 상기 사례에 비추어볼 때, 자유민주사회의 규범적 기반으로서 헌정에 충실한 공화주의적 시민정치문화로 풀이할 수 있는 헌정애국주의 혹은 헌정문화에 대해서는 최소한의 합의사항으로서 일단 이의가 별로 없는 것처럼 보인다. 하지만 헌정애국주의에 더하여 추가로 보다 더 좁은 의미에서 공통의 문화적 요소(역사·전통·언어·종교 따위)를 주도문화에 함축된 것으로 간주하거나, 아니면 헌정애국주의 자체의 문화적·역사적 기반을 추가로 요청할 경우, 적어도 소수집단의 입장에 바라볼 때, 사실상 다수집단이 지배하고 있는 주류사회에 대한 적응이나 동화를 강요하는 것은 아닌가 하는 의혹이 제기되고 있다.

특히 이 맥락에서 1960년대에 헌법학자인 뵈켄푀르데(Boecken-foerde)가 제기했던 질문을 상기할 필요가 있다. 현대의 민주헌정국가는 그 자체가 스스로 창출할 수도 없고 보장할 수도 없는 규범적 전제조건에 기초하고 있는지의 여부에 관한 질문에 대해서 그동안 대체로 다음과 같은 통찰이 답변으로 제시되었다. 즉, 현대의 세속화된 국가는 규범적 기초를 자체의 자원을 통해서 쇄신할 수 있는 것이 아니라, 세계관·종교와 같은 전통, 어쨌든 집합적으로 구속력이 있는 윤리적 전통에 의존하고 있다(Lammert, 2006: 136; 장준호, 2012: 101; 허영식·정창화, 2012a: 51-52 재인용). 다시 말하면, 한편으로 헌정애국주의(혹은 헌정문화)와 다른 한편으로 전통문화(혹은 민족문화)를 포함한 역사와 전통을 서로 분명하게 분리시킬 수 없는 복합적인 문제가 명시적 혹은 암묵적으로 여전히 존재하는 것이다.

이러한 점을 염두에 두면서, 이제 '다문화와 한국의 (집단)정체성'이라는 의제에 주의를 기울여 볼 때, 다문화사회를 지향한 우리나라의 사회통합 및 국가정체성 문제와 관련하여 규범적 기초로서 일단 헌정애국주의 혹은 헌정문화의 중요성을 상기할 필요가 있다. 특히, 대한민국 헌법의 제1조에 포함되어 있는 '대한민국은 민주공화국이다.'라는 규정을 공화주의적 주도문화 혹은 시민정치문화의 가장 중요한 출발점으로 간주할 만하다.

하지만 제9조('국가는 전통문화의 계승·발전과 민족문화의 창달에 노력하여야 한다.')를 다문화사회의 사회통합 및 국가정체성을 위한 기초 혹은 출발점으로서 간주할 수 있는지의 여부에 대해서는 앞으로 더 많은 설명과 해석이 필요한 것으로 보인다. 예를 들면, '국가는 다문화의 계승·발전과 다문화의 창달에 노력하여야 한다.' 혹은 '국가는 다문화를 고려하여 전통문화의 계승·발전과 민족문화의 창달에 노력하여야 한다.'와 같은 방식으로 가까운 장래에 헌법개정이 이루어지지 않을 것이라는 점을 염두에 두면서, 일단 생각해 볼 수 있는 가능성은 다음과 같이 정리할 수 있다. 즉, 다문화성을 고려하여 우리 사회에서 이미 존재하거나 혹은 앞으로 존재할 것으로 예상되는 '다른' 전통문화의 계승·발전과 민족문화의 창달에도 역시 보다 더 많은 주의와 관심을 기울이고, 그것을 부분적으로 국가의 정책과제에 포함시킬 것인지의 여부, 그리고 그 범위와 정도에 대해서 앞으로 더 구체적인 담론과 정책적 고려가 요청된다고 볼 수 있다(허영식·정창화, 2012a: 52-53; 허영식·정창화, 2012b: 31-33).

(3) 다문화주의에서 간문화주의로의 전환

다문화사회의 통합관점에서 간문화주의에 주의를 기울일 때, 각종 요인에 의해 당사자가 봉착할 수 있는 장애물을 가능하면 제거하거나 감소시키는 데 중점을 두는 정책프로그램을 참고로 삼을 만하다. 이 맥락에서 간문화에 입각한 아이디어와 조치는 사실적인 상태에서 출발하며, 관점은 실용적이고, 제도가 준거점으로 작용한다. 이렇게 장애물제거에 중점을 두고 간문화를 이해할 경우, 문화의 개념은 일차적으로 조직의 구성·운영원칙에 대한 질문과 관련이 있으며, 다문화주의의 이론에서 관찰할 수 있는 바와 같이 우선적으로 민족공동체나 문화정체성의 문제를 다루지 않으려고 한다(Terkessidis, 2010: 114-115; 허영식·정창화, 2012a: 54 재인용).

장애물제거에 중점을 둔 간문화의 이해에서 출발할 때, 주된 목표는 실제로 다양성과 더 이상 일치하지 않는 특징적인 패턴을 변화시키는 데 놓여 있다. 이와는 대조적으로 기존의 여러 다문화주의 정책과 담론에서는 일차적으로 문화적 정체성의 인정, 서로 다른 관점의 상대성, 혹은 여러 문화의 공동생활에 주된 관심이 놓여 있다. 이때 제기되는 질문은 그러한 특징적인 패턴을 변화시키기 위해서 도대체 어디서부터 손을 대야 할 것인가이다. 이 맥락에서 우선 제도를 출발점으로 삼을 만하다. 왜냐하면 제도는 정책과 여기에 부응하는 조치에 의해 사실상 영향을 받기 때문이다.

종종 의식의 변화를 통하여 차별의 문제에 대처하거나 여러 문화 사이의 대화(즉, 간문화대화)에 도달하려는 시도가 이루어지고 있다. 이때 모토는 '각자가 모두 우선 자기 자신에게서 시작해야 한다.'는 것이다. 하지만 모든 개개인을 계몽하는 것은 거의 불가능하며, 여기에 부응하는 각종 운동이나 캠페인은 대부분 물거품으로 끝나거나 얼마 지나서 용두사미가 되고 만다. 이때 변화를 위한 진정한 자극이나 유인책도 부족하며, 거기에 부응할 수 있는 압력행사도 별로 이루어지지 않는 경향이 있다. 이러한 점을 고려할 때, 제도에서 의식적으로 도입한 변동을 통하여 비로소 앞서 말한 특징적인 패턴을 변화시킬 수 있다. 이런 점에서 간문화를 '사이에 놓인 문화' 또는 '변동의 과정에 놓여 있는 구조'로도 역시 이해할 수 있다(Terkessidis, 2010: 114-115; 허영식·정창화, 2012a: 54-55 재인용).

1990년대부터 간문화의 수식어를 달고 있는 소통·대화·학습·교육·능력(역량)·개방·지향·개발 따위의 키워드가 종종 거론되고 있다. 특히 간문화능력과 간문화개방은 사회복지와 공공행정의 영역에서 오늘날 여러 곳에서 주도적인 이념 혹은 비전으로 작용하고 있다(허영식, 2013: 12-20; 허영식·김진희, 2013: 34-43). 이와 유사한 맥락에서 다국적기업에서는 간문화관리 혹은 (이것보다 더 폭넓은 개념인) 다양성관리와 관련된 주제가 점점 더 많이 거론되고 있다(허영식, 2013: 20-26; 허영식·정창화, 2012a: 92-133).

이제 간문화프로그램을 내용적으로 채우기 위해서는 여러 가지 측면에서 차이와 다양성을 안고 있는 개개인에게 장애물제거를 가능하게 만들 수 있도록 제도를 변화시키는 데 중점을 둔 모형을 개발할 필요가 있다. 오늘날 도처에서 개인의 자유와 자기책임을 요구하고 동시에 진흥시키고 있다는 점을 고려할 때, 가능하면 많은 사람들이 그 자유와 자기책임을 실제로 체험하면서 살아가는 데 필요한 전제조건을 충족시키지 않으면 안 된다.

그런데 이 전제조건은 다름 아니라 개개인이 여러 생활영역에서 부딪치는 장애물을 제거하는 데 놓여 있다. 이 맥락에서 제도의 문화(조직원칙, 규칙과 규범), 인적자원의 구성, 물질적인 기초 그리고 제도의 기본적인 전략추진방향의 네 가지 차원 혹은 측면에서 제도의 변화가 요청된다(Terkessidis, 2010: 142; 허영식·정창화, 2012a: 57-59 재인용).

••• 표 2-4 제도변화를 위한 간문화프로그램 모형

제도문화	인적자원	물질적 기초	전략방향
• 다양성을 고려한 조직코드 혹은 조직규약 마련 • 간문화코드라는 의미에서 검증가능한 기준 마련 (모토: 측정되는 것이 행해진다.) • 지도층(경영진)의 프로그램 지원 의지 • 간문화변동을 지향한 제도변화 추구	• 지위 · 부문 · 접근가능성 측면에서 구조적인 장애요인과 차별문제 해소방안 모색 • 인적자원구성의 변화를 위해 미리 알아서 대비하는 조치 강구 • 다양성관리와 어긋나는 특정한 문화적 혹은 계층 관련 전제조건 해소방안 마련	• 좁은 의미에서의 장애물제거 고려 • 간문화적 공간계획 설계 · 운영 (다양성을 위한 설계, 설계를 통한 포용) • 특정한 집단을 위한 특별프로그램 기획 · 운영 • 국제성의 감각을 제고시키는 조치 강구 • 간문화브랜딩 (intercultural branding) 모색	• 제도의 모든 의사결정의 기본적인 지향(정책 · 전략) • 간문화주류화 혹은 다양성주류화를 지향한 프로그램 고려 • 의사결정의 불평등한 효과(결과)에 대한 감수성 제고 • 기회균등과 참여진흥에 기여할 수 있는 실용적인 사회통합정책 추구 (참조: 유럽집행위원회가 「사회통합핸드북」에서 권고한 주류화절차)

출처: Terkessidis, 2010: 144-161; 허영식·정창화, 2012a: 59 재구성

여기에 더하여 다문화주의에서 간문화주의로의 전환을 위한 정황증거로서는 지난 몇 십 년 동안 유럽에서 진행되어온 체류외국인 대상 정책의 전개과정을 들 수 있다.

••• 표 2-5 체류외국인 정책의 전개과정

단계	내용과 특징
① 무정책	• 외국인의 장기거주를 원하지 않았던 각국 정부 중에는 자국영토에 외국인거주자가 증가하더라도 별도의 정책을 마련하지 않고 무정책으로 일관한 경우가 있었다. • 외국인에 대한 차별문제가 지역사회에 별 다른 문제를 일으키지 않는다면, 해당정부는 문제를 해결하거나 재발방지를 위해 별 다른 조치를 취하지 않는다.
② 외국인 노동자 정책	• 이민자는 기간제 노동인력으로 간주하고, 언젠가는 본국으로 귀환할 것이며, 귀환해야만 한다는 원칙을 고수한다. • 이주민에게 단기비자만 발급하고, 이민자가 지역사회에 미치는 영향을 최소화하는 데 정책의 주안점을 둔다.
③ 동화 정책	• 이민자가 지역사회의 전통과 관습에 가능한 한 빨리 적응하여 기존사회로 흡수되는 것이 정책의 목적이다. • 이민자가 본국에서 학습한 생활방식과 문화유형은 무시하고, 이주해 들어온 지역의 현지문화를 신속하게 학습하고, 원래의 정주민과 같은 행동을 할 것을 요구한다.
④ 다문화 정책	• 이민자는 지역사회의 일원이며, 영주할 수 있는 점을 인정한다. • 이민자가 자신의 출신국가에서 교육받은 지식과 문화가 현지문화를 다양하고 풍요롭게 하는 데 기여한다고 본다. • 출신국가의 문화를 무시하지 않으며, 오히려 출신국가의 문화에 대하여 무시·멸시하는 행위를 법으로 금지한다. • 자녀에게도 부모의 출신지 언어를 교육받도록 지원하고, 민족별로 공동체를 구성하여 활동하는 것도 권장한다.
⑤ 간문화	• 이민자를 지역사회 일원으로 간주하고, 출신문화가 현지문화를 풍요롭게 하는 자산으로 인식한다는 점에서 다문화정책과 공통

정책	점이 있다. • 다문화정책은 민족집단의 다양성을 인정하고 공존하는 데에 주된 관심을 기울이는 반면, 간문화정책은 다양한 민족집단이 서로 교류하고 함께 활동할 수 있도록 하는 데 역점을 둔다. • 지역사회에서 민족 간 격리현상이 나타나고, 이민자 밀집지역이 평행사회(게토)가 될 수 있다는 점을 우려하여, 밀집지역 현상을 사전에 예방하고자 한다. • 공동거주시설(기숙사 · 아파트)에 특정 민족집단이 절대다수를 차지하지 않도록 입주자의 민족별 할당제를 도입하고, 밀집거주지역에 도시재개발사업을 시행한다.

출처: Wood, 2009: 22-26; 오정은, 2011: 197-199; 허영식 · 정창화, 2012a: 26 재구성

|3| 사회통합을 위한 간문화주의의 정책적 · 제도적 실천사례

유럽에서 다문화주의 정책을 추진해 왔던 대표적인 나라로 그동안 간주되었던 영국에서도 역시 최근에는 다문화주의에 대한 대안으로서 부분적으로 간문화주의가 추진되기 시작하고 있다. 예를 들면, 도시의 다양성을 구성하기 위한 접근방안을 개발한 '간문화 도시'라는 프로젝트는 다음과 같은 개념규정을 해당 홈페이지에 탑재하고 있다. "간문화적 접근은 기존의 문화적 차이에 대한 기회균등과 존중을 넘어서서, 공공적 공간, 시민문화, 그리고 제도의 다원주의적 변형을 추구한다. 따라서 문화적 경계는 고정된 것이 아니라, 유동적이고 계속해서 쇄신되는 것으로 관찰된다. 이 접근방안을 대변하는 사람들의 입장에 따르면, 서로 다른 문화가 상호 겹치고, 상호 영향을 주고받으며, 혼성화(hybridization)되는 데 기여하는 프로젝트를 우대할 수 있도록 도시가 적절한 진흥전략을 개발해야 한다"(Intercultural City, 2009; Terkessidis, 2010: 131-132; 허영

식·정창화, 2012a: 56 재인용).

이와 유사한 개념과 구상은 유럽집행위원회가 2008년도에 제안한 프로그램인 '간문화도시'에서도 역시 찾아볼 수 있다. 이 프로그램은 유럽에서 증가하고 있는 다양성에 대하여 미리 알아서 대비하는 태도와 자세를 취할 것을 정책결정자들에게 촉구하고 있다. 그리고 이 프로젝트는 1990년대부터 '다양성관리(managing diversity)'라는 핵심용어 아래 논의되고 부분적으로 실행되고 있는 구상에 의존하고 있다. 게다가 유럽집행위원회는 이 틀 속에서 소위 '성주류화(gender mainstreaming)'의 원칙을 필요한 수정을 가하여 이주의 영역에도 역시 전이시키려는 시도를 하고 있다(Terkessidis, 2010: 132; 허영식·정창화, 2012a: 56 재인용).

상기한 '간문화도시'라는 프로젝트와 같은 맥락에서 네덜란드에서도 역시 기존의 다문화정책이 안고 있는 한계를 극복하기 위한 목적에서 최근에 간문화정책의 일환으로 '만남의 장'을 제공한다는 공통의 기본원칙을 갖고 여러 가지 간문화사업을 기획·운영하고 있다. 여기서는 예시적 차원에서 틸부르크(Tilburg)시에서 실행하고 있는 구체적인 사업을 소개하기로 한다.

'유럽 간문화대화의 해'(2008) 사업을 소개한 책자의 머리말에서 유럽연합 집행위원인 얀 피겔(Jan Figel)은 간문화대화의 의미와 적실성을 다음과 같이 강조하였다.

"문화적 다양성과 전통·신념의 풍부함은 유럽기획(프로젝트)의 핵심적인 요소이며 영감과 창의성의 힘찬 출처이다. 우리가 살고 있는 점점 더 다변화되고 있는 사회에서는 진정한 대화를 통하여 비로소 분열의 위험성을 피할 수 있으며 참된 간문화공동체를 향하여 나아갈 수 있다. 유럽연합 관련 제도, 회원국, 시민사회가 그

표 2-6 간문화도시의 간문화사업 사례

사업	개요
① 세계의 집 운영	네덜란드 문화 및 언어수업교실, 휴게실, 외국인 상담실을 갖춘 일종의 마을회관이다.
② 사교의자 설치	거리를 지나는 다양한 문화의 사람들이 자연스럽게 잠시 앉아 쉬면서 이야기하는 기회를 만들자는 제안에 따라, 주민화합이라는 상징성을 살펴 소파제작에 각계각층의 시민참여를 유도했다.
③ 세계축제 개최	일반인과 외국계 주민의 만남을 목적으로 시행하는 사업이다. 이 세계축제는 세계 각지의 지방자치단체가 기획하는 대표적인 외국인 관련 행사다.
④ T-퍼레이드 지원	외국인 주민단체와 네덜란드인 단체가 통합하여 공동으로 기획하는 거리축제가 매년 8월에 열리고 있다. 시의 지원 이외에도 여러 다국적기업의 후원이 매년 증가하여 점차 행사규모가 커지고 있다.
⑤ 이웃중재자 프로그램 운영	외국계 주민과 네덜란드인 사이에 발생하는 갈등은 이웃 간의 매우 사소한 문제가 발단이 되는 경우가 대부분이라는 점에 주목하고 시작된 프로그램이다.

출처: 오정은, 2011: 205-209; 허영식·정창화, 2012a: 57 재구성

러한 공동체의 발생을 촉진하고 진흥해야 한다는 공통의 목표에 대하여 책임과 의무를 지고 있다는 점을 유럽 간문화대화의 해는 분명하게 보여주었다. 2008년을 넘어서서 간문화대화는 유럽집행위원회의 우선적인 과제로 남아 있다. 회원국과 시민사회에서 적극적으로 활동하고 있는 동반자와 함께 유럽의 해를 통해 발생한 동력을 더욱 많이 이용할 것이다. 우리가 보다 개방적인 마음과 의식을 갖고 진행한다면 간문화유럽이라고 하는 공통의 비전을 성공적으로 추구할 수 있을 것이라고 믿고 있다. 간문화유럽은 인간의 존엄성, 시민의 참여, 그리고 다양성에 대한 존중을 강력한 공동체

와 사회적 결속의 기반으로 삼는 공동체인 것이다”(Figel, 2009: i).

유럽은 문화적으로 점점 더 다양해지고 있다. 유럽연합의 확대, 유럽 내 시장에서 근로자의 자유로운 이동, 그리고 세계화는 많은 나라의 다문화적 성격을 강화시켰으며, 언어와 종교, 민족적·문화적 집단의 다양성을 증가시켰다. 이 맥락에서 유럽의 여러 사회는 기존의 다문화주의 및 동화주의 모형과 작별을 고하고 있다. 즉, 서로 상호작용하지 않는 상태에서 서로 다른 여러 문화가 병존하는 사회, 그리고 이주자로 하여금 다수가 지배하는 주류문화에 적응하도록 기대하는 사회와 거리를 유지하고자 한다.

유럽에 특징적인 다양성을 가능하면 최적의 상태로 활용하기 위해서 유럽을 구성하고 있는 여러 사회는 간문화대화에 대하여 책임과 의무를 지고 있다. 간문화주의의 개념과 구상은 서로 다른 여러 문화집단 사이의 유익한 교류를 추구하며, 이를 통해 결국 사회 전체에 도움이 되도록 해야 한다. 따라서 공동의 유럽정체성과 공론장을 형성하는 데 있어서 간문화대화의 역할이 점점 더 중요해지고 있다(Europaeische Kommission, 2009: 3).

간문화대화를 진흥시키기 위하여 유럽연합은 다양한 정책적 조치와 프로그램을 기획하고 추진하였다. 이러한 조치와 프로그램은 평생학습, 대외관계, 연구지원정책, 지방·지역개발과 같은 여러 가지 정책영역과 관련된다. 캠페인의 주요 구성요소에는 유럽·회원국 수준에서 미디어 및 시민사회와 협력하여 추진된 정보·광고캠페인, 명예대사 임명, 유럽연합 교육문화국이 주도한 유럽 수준의 각종 행사와 운동, 홍보용 프로젝트, 시민사회의 능동적인 참여 권장, 국가·지역 수준에서 개최된 각종 행사와 운동, 다른 유럽연합제도(유럽의회, 지역위원회, 경제사회위원회,

유럽집행위원회의 파견단)의 참여가 속한다(Europaeische Kommission, 2009: 4). 그리고 유럽 간문화대화의 해(2008) 동안에는 다음과 같이 여덟 가지 중점주제가 선정되었다.

••• 표 2-7 간문화대화 사업의 중점주제

주제	개요
① 문화와 미디어	자기가 속한 문화의 묘사는 상호이해를 위해 결정적으로 중요하며, 문화협력은 유럽의 결속과 유럽정체성을 위해 기여를 할 수 있다. 유럽시민의 세계관을 형성하는 데 있어서 미디어도 역시 중요한 역할을 수행할 수 있다. 서로 다른 문화적 출신배경이 미디어에서 묘사되는 방식은 개인의 인지에 큰 영향을 미치며, 상투적인 표상을 확증하거나 아니면 반증한다.
② 소수 집단	간문화대화는 소수집단의 능력과 기능을 활용하는 데 있어서 많은 기여를 하며, 소수집단에게 다른 소수집단의 구성원들과 관계를 구축하고 그들을 더 잘 알 수 있는 가능성을 제공한다. 해당연도에 중요한 기여를 한 것은 '소수민족 로마(Roma)에 대한 제1차 유럽정상회담'이었다.
③ 이주	유럽연합의 다른 회원국 출신의 이주자 혹은 유럽연합 바깥에서 들어온 이주자와 이들을 받아들이는 나라 사이의 간문화대화는 사회적 가치와 참여의 강화를 통하여 사회의 연대의식과 결속을 위해 핵심적인 역할을 수행한다. 다른 문화와의 대화는 세계화된 세계를 더 잘 이해하는 데에도 역시 기여한다.
④ 종교	점점 더 다문화적인 사회가 되고 있는 상태에서 신앙과 종교의 다양성은 오해와 불안을 초래할 수도 있다. 서로에 대한 개방성과 지식을 촉진하는 상호존중의 대인관계와 교류는 이러한 오해와 불안을 극복하는 데 기여할 수 있다. 이 맥락에서 유럽집행위원회는 간문화대화가 종교와 신앙공동체를 위해 갖고 있는 가능성과 도전에 관한 세미나를 개최하였다.
⑤ 교육· 과학	교육분야에서 간문화대화는 사람들에게 이른바 '간문화능력'이라고 지칭하는 지식과 기능을 전달해야 한다. 이 간문화능력은 점점 더 다양해지고 있는 사회에 참여할 수 있는 기반을 제공한다. 다른

	문화와 언어에 대한 지식은 또한 상호존중과 상호이해를 위해서도 역시 기여한다.
⑥ 일자리	서로 다른 문화적 배경을 가진 사람들이 직장과 일자리에서 점점 더 많이 만나게 된다. 세계화된 경제에서 문화적 다양성이 경쟁에서 비교우위를 확보할 수 있다는 점이 널리 알려지고 있기 때문에, 이러한 상황·상태는 도전과 더불어 잠재력을 함축하고 있다.
⑦ 언어의 다양성	유럽연합의 확대와 더불어 언어에 대한 지식이 점점 더 중요해지고 있다. 간문화대화에서 어학지식은 기본적으로 중요한 기능을 수행한다. 새로운 언어의 습득은 언제나 해당하는 문화를 더 잘 이해할 수 있는 기회를 제공하며, 문화적 다양성의 풍부함에 대하여 개방적인 태도를 취하는 데 있어서 매우 중요한 역할을 수행한다. 이와 관련하여 유럽집행위원회는 언어의 다양성에 대하여 새로운 보고서를 발간하였다.
⑧ 청소년	청소년을 위해 간문화대화의 진흥은 매우 중요하다. 그 까닭은 청소년 시기에 자기 자신의 세계관이 본격적으로 형성되고 장래를 위한 능력과 역량이 습득되기 때문이다. 다른 문화와의 만남과 공존은 호기심과 더불어 세계 여러 곳의 동년배를 만나고자 하는 바람을 불러일으킨다.

출처: Europaeische Kommission, 2009: 5 재구성

이상의 논의를 바탕으로 할 때, 요약 및 결론 차원에서 이 장에서 강조하고자 하는 사항은 다음과 같이 몇 가지 명제로 정식화할 수 있다.

첫째, 간문화주의의 이론적 기초를 살펴볼 때, 다문화적 현실(다문화성)에 대하여 간문화담론·소통·대화를 통하여 보다 더 적절하게 대처해야 한다. 이 맥락에서 간문화만남·선택·변형을 확장하고 심화시키기 위한 탐색운동과 시험적 운동이 존재한다. 이러한 시도와 움직임은 네 가지 측면(사이에서 생각하고 행한다는 의미에서의 간성, 인간과 환경 사이의 관계를 구성한다는 의미에서의 간문화성, 투쟁과 대화로서의 간문화적 만남, 토론과 논쟁으로서의 간문화적 선택과 변형)에서

다문화주의 및 초문화주의와 구별할 수 있다.

둘째, 단일한 통일성(단일문화)과 다양성(다문화)으로 환원시킬 수 없는 간성 혹은 사이공간은 우리 중 어느 누구도 홀로 달성할 수 없는 것을 의미하며, 제3자가 임의로 그 발생과정을 조정할 수 없다는 점을 함축하고 있다. 간문화만남·관계에서 오해나 몰이해의 원인이나 출처를 타자에게서 찾지 말고, 타자의 눈으로 바라보면서, 타자의 시각·관점에서 자기 자신을 이해의 문제로 바라보려는 자세와 태도가 요청된다. 간문화이해가 성공가능성을 높이기 위해서는 관점취득과 관점변경을 수행하려는 자세와 태도가 중요하다.

셋째, 유럽에서는 네덜란드와 더불어 영국이 다문화주의 정책을 표방하고 실행에 옮긴 대표적인 나라로 간주되어 왔다. 그런데 2000년대에 접어들면서 일련의 사회적·정치적 사건을 배경으로 하여, 다문화주의에 대한 비판여론이 조성되었다. 독일에서는 다문화사회의 사회통합문제와 관련하여 주도문화에 대한 논쟁이 시작되었다. 여기서 서로 대립한 대표적인 입장으로는 주도문화 대신에 헌정애국주의를 사회통합의 관건으로 간주하자는 관점과 헌정애국주의를 넘어서서 추가로 공통의 역사·전통·언어·종교 등 문화적인 요소를 사회통합을 위한 주도문화에 포함시켜야 한다는 관점을 들 수 있다.

넷째, 다문화사회에서 장애물제거에 중점을 두고 간문화를 이해할 경우, 문화의 개념은 일차적으로 조직의 구성·운영원칙에 대한 질문과 관련이 있다. 이런 점에서 간문화를 '사이에 놓인 문화' 또는 '변동의 과정에 놓여 있는 구조'로 이해할 수 있다. 제도의 변화는 제도의 문화(조직원칙, 규칙과 규범), 인적자원의 구성, 물질적인 기초 그리고 제도의 기본적인 전략추진방향의 네 가지 차원에서 요청된다.

다섯째, 유럽연합의 확대, 유럽 내 시장에서 근로자의 자유로운 이동, 그리고 세계화는 많은 나라의 다문화적 성격을 강화시켰으며, 언어와 종교, 민족적·문화적 집단의 다양성을 증가시켰다. 이 맥락에서 유럽의 여러 사회는 기존의 다문화주의 및 동화주의 모형과 작별을 고하고 있다. 즉, 서로 상호작용하지 않는 상태에서 서로 다른 여러 문화가 병존하는 사회, 그리고 이주자로 하여금 다수가 지배하는 주류문화에 적응하도록 기대하는 사회와 거리를 유지하고자 한다. 이러한 취지와 의도는, 예를 들면, '간문화도시'와 '간문화대화'를 중심으로 한 간문화사업에서 확인할 수 있다.

여섯째, 오늘날 다문화사회는 어쩔 수 없이 간문화소통을 하지 않으면 안 되는 상황과 맥락을 적절하게 다루고 처리하기 위하여 사회구성원이 간문화능력을 갖추도록 해야 한다. 다문화사회가 수반하는 사회통합의 여러 가지 문제를 해결하기 위한 관건은 간문화에 놓여 있으며, 특히 이론적으로 성찰된 실천적 간문화가 요청된다. 결국 여러 문화의 만남을 위한 교차점도 간문화소통이고, 다문화적 공동생활의 구조를 위한 접점 혹은 연결고리도 역시 언제나 간문화소통인 것이다.

요 약

이 장은 간문화주의를 통한 사회통합방안을 탐색하는 데 주된 목적을 두었다. 이러한 목적에 도달하기 위하여, 간문화주의의 개념과 특징, 다문화주의의 한계와 더불어 간문화주의로의 전환이 필요하다는 점, 그리고 사회통합을 위한 간문화주의의 정책적

·제도적 실천사례를 소개하였다. 이 장에서 강조하고자 하는 사항은 다음과 같이 몇 가지 명제로 정식화할 수 있다. 첫째, 간문화주의의 이론적 기초를 살펴볼 때, 다문화적 현실(다문화성)에 대하여 간문화담론·소통·대화를 통하여 보다 더 적절하게 대처해야 한다. 둘째, 단일한 통일성(단일문화)과 다양성(다문화)으로 환원시킬 수 없는 간성 혹은 사이공간은 우리 중 어느 누구도 홀로 달성할 수 없는 것을 의미하며, 제3자가 임의로 그 발생과정을 조정할 수 없다는 점을 함축하고 있다. 셋째, 다문화사회에서 장애물제거에 중점을 두고 간문화를 이해할 경우, 문화의 개념은 일차적으로 조직의 구성·운영원칙에 대한 질문과 관련이 있다. 이런 점에서 간문화를 '사이에 놓인 문화' 또는 '변동의 과정에 놓여 있는 구조'로 이해할 수 있다. 넷째, 유럽의 여러 사회는 기존의 다문화주의 및 동화주의 모형과 작별을 고하고 있다. 서로 상호작용하지 않는 상태에서 서로 다른 여러 문화가 병존하는 사회, 그리고 이주자로 하여금 다수가 지배하는 주류문화에 적응하도록 기대하는 사회와 거리를 유지하고자 한다. 이러한 취지와 의도는 간문화도시와 간문화대화를 중심으로 한 간문화사업에서 확인할 수 있다. 다섯째, 오늘날 다문화사회는 어쩔 수 없이 간문화소통을 하지 않으면 안 되는 상황과 맥락을 적절하게 다루고 처리하기 위하여 사회구성원이 간문화능력을 갖추도록 해야 한다. 다문화사회가 수반하는 사회통합의 여러 가지 문제를 해결하기 위한 관건은 간문화에 놓여 있으며, 특히 이론적으로 성찰된 실천적 간문화가 요청된다. 결국 여러 문화의 만남을 위한 교차점도 간문화소통이고, 다문화적 공동생활의 구조를 위한 접점 혹은 연결고리도 역시 언제나 간문화소통인 것이다.

부 록

전문용어의 번역문제
상호문화주의 대신 간문화주의가 더 적절한 이유

간문화주의(interculturalism)를 상호문화주의로 번역하여 사용하는 경우를 관찰할 수 있는데, 이와 관련하여 여기서는 간문화주의로 번역하여 사용하는 것이 더 적절한 이유와 근거를 다음과 같이 몇 가지 사항으로 제시하고자 한다.

(1) 기존에 이미 정착되어 있는 사용방법을 소개하자면, 예를 들어 교육과정의 간학문적 통합(interdisciplinary integration of curriculum)을 상기할 필요할 있으며, 이 맥락에서 흔히 다학문적·간학문적(학제적)·초학문적 접근방안(multi-, inter-, trans-disciplinary approaches)이 거론되고 있다.

(2) 접두어 'inter－'의 일차적 함축의미를 살펴볼 때, 그것은 이미 언제나 주어진 언어적·문화적 다양성을 인정하면서, '서로 다른 문화 사이의 소통(communication between different cultures)'을 강조한다. 다문화성에 비하여 간문화성(interculturality)은 서로 다른 문화 사이의 접촉·소통에서 발생하는 현상(예: 언어혼합, 문화혼합, 서로 다른 문화요소의 창의적 통합)에 상대적으로 더 많은 주의를 기울이며, 간문화적 접촉·소통의 결과·귀결(예: 간문화갈등, 간문화중재, 혼성화)에 중점을 두고, 서로 다른 문화 사이에서(inter, in-between, dazwischen, entre deux) 발생하는 사이공간(between-space) 혹은 간성(interity)을 더 많이 강조하는 경향이 있다. 경험적으로 이미 주어져 있고 피해갈 수 없는, 그러나 그대로 방치할 경우 위협적인 잠재성을 안고 있는 다문화적 현실(다문화성)을 내실화하기 위한 대안으로서 유럽연합 수준에서는 이미 1970년대 말부터 간문화선택(in-

tercultural option)이 제안되었으며, 이러한 맥락에서 간문화담론·소통·대화·갈등·중재(intercultural discourse, communication, dialogue, conflict, mediation) 따위가 강조되고 있다.

(3) 접두어 'inter－'의 추상명사인 '간성(間性, interity)'을 만약 '상호성'으로 번역할 경우, 이 간성은 상호성 혹은 호혜성(mutuality, reciprocity, Gegenseitigkeit)의 함의와 상당한 거리가 있다.

(4) 관련문헌을 살펴볼 때, 'intercultural interaction(간문화적 상호작용)'이나 'intercultural communication(간문화소통, 문화간 소통)'이라는 용어가 도서나 논문의 표제 혹은 장절의 제목으로 적지 않게 사용되고 있는데, 이것을 만약 '상호문화적 상호작용'이나 '상호문화소통'으로 번역할 경우, 동어반복의 현상이 발생하거나 원래의 의미에서 벗어날 우려가 있다. 또한 'intercultural communication(간문화소통)'과 'intracultural communication(내문화소통)' 혹은 'intercultural conflict and mediation(간문화갈등·중재)'과 'intracultural conflict and mediation(내문화갈등·중재)'을 비교하고 그 연관성을 논의하는 부분이나, 'interdisciplinary cooperation(간학문적 협력)'과 'inter－cultural cooperation(간문화적 협력)'의 연관성을 논의하는 부분에서, 만약 '상호문화소통', '상호문화갈등·중재', '상호문화협력'과 같은 번역어를 사용할 경우, 원래의 문맥을 적절하게 파악하기 어렵게 만들 가능성이 적지 않다.

(5) 형식적 측면에서 바라볼 때, 부사로서의 '서로'에 해당하는 '상호' 다음에는 대개 행위동사가 뒤따른다(보기: 상호작용·접촉·교류·침투·소통[하다]). 그 반면, '사이'에 해당하는 '간' 다음에는 대개 체제개념이 뒤따른다(보기: intercultural, international, interpersonal, interreligious [competence], intersubjectivity, interdisciplinary [approach, integration], intersystem [intersystemic relationship] (사회학자 Luhmann의 체제이론에서 나온 개념) 따위).

따라서 간문화주의가 서로 다른 문화 사이의 '상호작용'을 강조한다고 해서, 그것을 상호문화주의라고 번역하여 사용하는 것에 대해서는 일단 심정적으로 충분히 이해가 간다. 하지만 기본적인 전문용어는 가능하면 그 함축의미를 정확하게 그리고 적확(的確)하게 번역하여 사용하는 것이 바람직하다는 규범적인 관점에서 출발할 때, 상기한 여러 가지 정황증거와 근거에 비추어볼 때, 문화라는 체제개념 앞에 '상호'라는 접두어를 붙여 사용하는 것은 형식적 측면에서뿐만 아니라, 핵심적인(일차적인, 본질적인) 내용적 함축의미의 측면에서도 역시 적절하지 않은 것으로 보인다. 전문용어의 번역문제와 관련하여 단순한 '다문화적' 관용에 머물러 있지 말고, '간문화적' 토론이나 대화를 통하여 더 바람직한 대안으로 수렴될 수 있기를 기대한다(허영식 외, 2014: 126-128).

제 3 장

간문화소통과 다양성관리에 대한 연구동향과 함의

|1| 간문화소통과 간문화연구

|2| 간문화소통과 간문화교육

|3| 다양성관리와 다양성연구

제 3 장

간문화소통과 다양성관리에 대한 연구동향과 함의*

간문화소통은 학문분야이면서 이와 동시에 점점 더 의미와 중요성이 증가하고 있는 생활세계 및 일상세계이다. 간문화성, 간문화소통과 같이 오늘날 널리 사용되고 있는 개념의 중요성은 일단 인터넷에서의 검색빈도와 각종 출판물의 기사와 글에서 어렵지 않게 확인할 수 있다. 예를 들면, 과거에 많이 사용되었던 외국어수업 대신에 간문화적 외국어수업이 사용되고 있으며, 문화비교 대신에 점점 더 많이 간문화적 비교라는 말이 사용되고 있다. 지역학이라는 개념도 역시 간문화적이라는 형용사를 앞에 달고 마치 유행어인 것처럼 사용되곤 한다.

간문화소통과 더불어 다양성관리의 개념이 널리 사용되고 있는 까닭은 물론 서로 다른 문화 사이의 관계에 해당하는 문제영역의 의미와 중요성이 비약적으로 증가하고 있다는 데에서 찾을 수 있다. 이 문제영역은 오래된 역사적 전통을 갖고 있지만, 오늘날 세계화의 국면을 거치면서 완전히 새로운 차원에 도달하게 되었다. 국제무역은 신대륙발견 이후 16세기 초부터 세계의 여러 대륙에

* 제3장의 내용은 「한독사회과학논총」 제24권 제3호(2014.09.)에 게재한 필자의 글을 부분적으로 수정·보완한 것임.

걸쳐 진행되기 시작하였다. 그러나 1990년대에 본격적으로 시작된 세계화의 국면은 규모와 내용에서 완전히 새로운 척도를 설정하였다(Kurt and Hirsch, 2010: 14; Luesebrink, 2008: 1).

이것은 특히 세계경제의 지구화에서 확인할 수 있다. 세계경제의 성장에 비해 세계무역은 훨씬 더 빨리 증가하고 있으며, 여러 국민경제 사이의 네트워킹이 강화되면서 해외투자의 규모와 더불어 외국인근로자의 수도 역시 상당히 많이 늘어났다. 그 결과 간문화적 개방에 지향을 둔 인적자원관리는 새로운 도전에 부응하지 않으면 안 되었다. 기업의 인수합병으로 인하여 초국가적 수준에서 활동하는 다국적기업의 수가 늘어났으며, 이 맥락에서 기존의 확고한 경계나 국경이 상당 부분 무너지거나 불분명하게 되었다. 특히 이 맥락에서 간문화관리 혹은 다양성관리의 접근방안이 필요하게 되었다(Krell and Sieben, 2007: 235-236; Moosmueller, 2009: 28-31; 허영식, 2013: 20-26).

원격통신과 인터넷에 기반을 둔 과학기술은 세계적 규모의 정보사회와 미디어사회의 형성을 가능하게 만들었다. 이를 통해 서로 다른 문화에 속한 사람들이 과거에 비해 훨씬 더 빠르게 그리고 집중적으로 서로 소통을 할 수 있게 되었다. 그리고 생활세계 수준에서 간문화소통과정을 발생시키는 가장 중요한 맥락인 이주현상, 즉 다른 사회와 문화에서 사람들이 한동안 혹은 중장기적으로 체류하는 이주현상도 역시 특히 20세기 후반에 매우 많이 강화되었다. 이것은 제2차 세계대전의 후유증, 1950년대 이래의 노동이주, 그리고 세계 여러 곳에서 발생한 내전과 밀접한 연관성이 있다(Luesebrink, 2008: 2; Moosmueller, 2009: 25-28).

1960년대 초에 식민지시대가 종언을 고하면서 등장하게 된 개발협력의 영역에서는 간문화적 준비조치, 간문화적 교육·훈련, 그리고 간문화적 관점에서 바라본 개발지원프로젝트에 대한 평가 따위의 의미와 중요성이 계속 증가하는 경향을 보여주었다. 개발협력과 관련된 각종 조직과 기구, 그리고 이 분야에서 컨설팅을 담당하는 민간기업도 역시 간문화적 요인에 대한 감수성이 개발협력의 성공을 담보하는 데 있어 매우 중요하다는 문제의식에서 출발하여, 여러 가지 훈련프로그램과 워크숍을 기획·운영하고 있다 (Luesebrink, 2008: 2-3; Moosmueller, 2009: 32-33).

노동이주와 세계무역 이외에 대중관광여행의 현상도 역시 세계적 규모에서 간문화소통을 가능하게 만든 중요한 요인으로 간주할 수 있다. 물론 관광여행을 통하여 상투적인 고정관념이 별로 변하지 않으며, 부정적인 편견이 계속 남아 있다는 연구결과도 있지만, 관광여행은 어쨌든 서로 다른 사회와 문화에 속한 사람들의 사회적 접촉을 엄청나게 강화시켰다는 점은 부인하기 어렵다. 이 맥락에서 간문화소통이 원활하게 이루어지도록 하기 위하여 간문화지식·능력이 요청되는데, 이러한 요구에 부응하기 위하여 여러 가지 다양한 매체와 도구(여행안내서, 언어강좌, 준비세미나, 대중매체가 제공하는 여행프로그램 등)가 나름대로 역할과 기능을 수행하고 있다 (Luesebrink, 2008: 3).

이와 같은 배경에서 출발하여, 이 장에서는 간문화소통과 다양성관리에 대한 최근의 연구동향과 함의를 살펴보는 데 주된 목적이 있다. 이러한 목적에 도달하기 위하여 우선 간문화소통과 간문화연구에 주의를 기울인다. 여기서는 간문화소통의 실천영역과 학문분야, 그리고 간문화소통의 기본문제인 오해와 갈등의 차원을 다룬다. 이어서 간문화소통에 기여할 수 있는 교육적 방책으로서 간문화능력의 함양·신장에 주안점을 둔 간문화교육에 관해 기술한다. 그 다음 다양성관리와 다양성연구에 관한 부분에서는 다양성관리와 다양성연구의 관계, 그리고 다양성관리의 쟁점과 특징에 대해 논의한다. 마지막으로 결어 부분에서는 특히 간문화소통과 다양성관리의 연관성에 주의를 기울이면서 우리 사회를 위한 함의를 도출하고자 한다.

|1| 간문화소통과 간문화연구

(1) 간문화소통의 실천영역과 학문분야

학문분야로서의 간문화소통은 1960년대부터 미국과 캐나다에서 등장하였다. 이주와 다문화사회의 형성에서 기인하는 여러 가지 문제가 간문화교육·연구를 위해 결정적으로 중요한 동인으로 작용하였으며, 주로 심리학·사회학·교육학에서 착근되었다. 간문화소통이라는 개념은 미국의 민족학자이면서 행동연구자인 Hall의 「조용한 언어(The Silent Language)」(1959)를 통해 처음으로 학문적 공론장에 소개되기 시작하였다. 유럽에서 간문화적 문제제기는 1980년대부터 특히 독일·프랑스와 북구의 나라에서 이루어졌는데, 북미에서 주로 다루어진 이주 및 다문화주의의 문제영역과 비교해 볼 때, 유럽에서는 간문화적 경제소통(관리, 인적자원개발, 광고, 마케팅), 간문화교육학, 이주연구에 상대적으로 더 많은 중점을 두었다.

여기에 더하여 최근에 연구의 방향을 살펴보면, 간문화적이라는 수식어를 달거나 아니면 적어도 간문화적 지향을 가진 분야를 확인할 수 있다. 예를 들면, 간문화철학, 간문화심리학, 간문화매체분석, 간문화문예학, 간문화어문학(간문화독어독문학, 간문화로만어문학), 간문화역사학의 등장과 활동을 들 수 있다. 간문화연구·교육에서 그동안 소홀히 다루어졌던 종교적 차원에 대한 관심과 주의가 최근에 증가하고 있다. 이는 물론 종교적 요인으로 인해 발생한 갈등 및 분쟁과 밀접한 관련이 있다.

예를 들면, 레겐스부르크(Regensburg)대학에서는 '국제적 행위능력'이라는 추가연구과정의 틀 속에서 (서로 다른 종교 사이의 소통·대화를 위한 능력이라는 의미에서) '간종교능력(종교간능력, interreligious competence)'을 위한 훈련모듈을 제공하고 있다. 여기서 종교는 타문화집단에 대한 이해와 더불어 자문화의 특수성에 대한 의식적 취급을 위한 단서 혹은 열쇠가 된다. 바로 이 두 가지 사항은 간문화학습을 위하여 그리고 간문화능력의 개발을 위하여 본질적으로 중요한 전제조건이다. 자연과학과 문화학 사이의 교차영역에서도 역시 간문화적 문제제기가 점점 더 많이 고려되고 있다. 예를 들면, 의학적인 외상(外傷)연구에서는 보건과 질병, 외상과 정신적 외상, 치료와 예방에 대한 서양의 개념과 구상을 다른 지역으로 간문화적 전이를 할 경우 그 가능성과 한계에 대한 분석이 이루어지고 있다(Luesebrink, 2008: 3-4; Roth, 2009: 68-71).

간문화소통의 전공학과 혹은 부분적 학문분야는 일련의 독일대학에서 1980년대 이래 여러 가지 서로 다른 중점을 설정하면서 착근되고 있다. 이 맥락에서 예를 들면, 간문화독어독문학(Interkulturelle Germanistik)(Bayreuth), 간문화소통·언어학(Interkulturelle Kommunikation/Linguistik)(Chemnitz), 간문화심리학(Interkulturelle Psychologie) Regensburg), 간문화경제소통(Interkulturelle Wirtschaftskommunikation)(Jena), 간문화소통과 결합된 민족학(Ethnologie in Verbindung mit Interkultureller Kommunikation)(Muenchen), 간문화매체·문예·문화학(Interkulturelle Medien-, Literatur-, und Kulturwissenschaft) Saarbruecken, Potsdam, Hamburg), 모듈석사과정으로서의 유럽연구·간문화소통(Modularer Masterstudiengang European Studies and Intercultural Communication)(Fulda), 간학문적 연구과정(interdisziplinaerer Studiengang)으로서의 간문화유럽·미주연구(Interkulturelle Europa-nd Amerikastudien)(Halle)를 거론할 수 있다.

간문화소통과 경제의 교차영역은 경제와 관련된 구성요소를 갖고 있는 일련의 간학문적인 연구과정에서 다루어야 할 내용에 속하며, 이미 여러 대학(Aalen, Fulda, Heilbronn, Hildesheim, Muenchen, Zwickau)에서 이와 관련된 전공분야가 개설되어 있다. 게다가 간문화소통의 문제는 여러 간학문적 교육·연구의 맥락에서 고려되고 논의되고 있다. 특히 이주통합연구, 교육학(간문화학습), 관광여행연구, 응용언어학(언어습득 및 이중언어병용 연구), 성인교육, 번역연구에서 간문화소통의 문제제기가 다루어지고 있다. 번역연구에서는 간문화맥락에서 번역의 질문에 해당하는 의미와 비중을 고려하면서 의식적으로 감수성을 제고해야 한다는 과제가 강조되고 있다.

최근에는 세계의 여러 지역에서 문화의 민족적·국민적 측면을 다시 강조하려는 현상과 과정, 이미 죽었다고 간주되었던 국민국가의 부활과 같은 현상과 과정이 간문화소통의 문제제기와 방법에 대해 새로운 도전으로 다가오고 있다. 또한 중국·인도·일본·브라질의 경제와 미디어문화가 부상함으로써 세계화의 지형을 근본적으로 변화시키기 시작하고 있다. 그리고 인권과 민주주의를 핵심으로 하는 서양의 가치와 규범의 보편성에 대한 비판적인 논의와 취급을 관찰할 수 있다. 이와 같은 간문화적 현상과 과정을 분석하고 적절하게 다루기 위해서는 그동안 간문화연구·교육에서 종종 소홀히 다루어진 역사적 차원에 보다 더 많은 주의와 관심을 기울일 필요가 있다. 즉, 간문화행위의 역사적 조건과 차원에 대한 고려가 요청된다(Luesebrink, 2008: 5-6).

(2) 간문화소통의 기본문제: 오해와 갈등 차원

간문화소통은 학문적인 실천과 일상생활에서 서로 다른 문화 사이의 상호이해를 위한 수단으로 간주되고 있다. 간문화소통은 서로 다른 여러 문화의 평화로운 공존을 위해 본질적으로 중요한 전제조건이다. 따라서 간문화성은 정치적으로 바람직한 다문화적 세계공동체를 위한 모형으로서 나타난다. 그런데 간문화소통을 위한 교육·훈련프로그램의 목표설정이 주로 합의와 상호이해에 지향을 두고 있다는 점을 감안할 때, 간문화연구의 특별한 관심이 서로 다른 문화에 속하는 사람들 사이의 역기능·갈등·오해에 놓여 있다는 점은 일견 의아하게 보일 수도 있다.

여기서 종종 문제가 되는 것은 오해로 환원시킬 수 있는 의도하지 않은 갈등이다. 문화와 갈등은 일견 서로 대조적인 혹은 대립적인 것처럼 보인다. 하지만 좀 더 자세히 살펴보면 그 두 가지 범주는 서로 분리할 수 없을 정도로 얽혀있다. 왜냐하면 문화는 소통적 행위의 형태와 조건뿐만 아니라 비(非)소통적 행위의 형태와 조건도 역시 조직하기 때문이다. 그러므로 별 마찰 없이 진행되는 기능(機能)보다는 오히려 장해·위기·갈등이 간문화연구의 핵심영역을 형성한다.

그러한 현상의 범위는 물론 문명충돌과 같은 거시적인 관점에서 출발하여 간문화적 상호작용(intercultural interaction)의 미시적인 관점에까지 미칠 수 있다. 여기서 간문화적 상호작용의 경우에는 갈등이 오해·공격·대화중단이나 아니면 대화상대방의 단순한 침묵이라는 양상을 띨 수 있다. 어쨌든 그러한 갈등은 학문적인 연구나 교육·훈련에서 문화적 특징을 대조적으로 보여주는 데 활용되고 있으며, 이때 그것은 서로 다른 사회에 속한 구성원 사이의 대인관계적 상호작용(interpersonal interaction)에서 대개 문화적 차이를 보여주거나 간문화적 오해를 낳는 요인으로 간주되고 있다(Auernheimer, 2010a: 41-45; 허영식·정창화, 2012b: 89-94).

이 맥락에서 반복해서 등장하는 전형적인 오해를 가리키는 용어로서 '매우 중요한 사건(critical incidents)'이 거론되곤 한다. 매우 중요한 사건은 참여자 혹은 당사자의 관점에서 바라보면서 어떤 갈등상황을 에피소드 형태로 묘사한 것이다. 이러한 묘사는 대개 타문화에 속한 사람들의 행위지향과 습관에 대한 지식과 더불어 간문화상황을 다루기 위한 기제(메커니즘)에 대한 지식을 얻기 위하여 활용된다. 그러한 갈등상황을 연구하는 데 있어서 출발점이 되는 명제는 서로 다른 문화의 행위방식이 특정한 상황에서 다르게 나타난다는 점, 그리고 그 문화에 속한 구성원이 접촉을 하게 되면 '매우 중요한 사건'이 발생할 수 있다는 점이다.

따라서 간문화적 오해는 소통하는 상대방의 언어적 혹은 비언어적 행동·행위에 대한 잘못된 해석에서 연유하며, 이 잘못된 해석은 무지나 아니면 잘못된 경험에 기초를 둘 수 있다. 예를 들면, 말이 서로 겹쳐서 대화의 진행이 중단되는 상황이 발생할 수 있다. 여기서 프랑스와 독일의 문화를 비교해 볼 때, 프랑스에서는 대화흐름의 중단이 참여·즉흥성·흥미·관심의 표시로 간주되는 경향이 상대적으로 더 강하며, 독일에서의 풍속습관과는 대조적으로, 겹치는 상황이 발생하지 않도록 하면서 질서정연하게 순서대로 말을 주고받는 것은 오히려 경직되고 지나치게 형식적인 것으로 받아들여질 수 있다(Heringer, 2010: 219-235; Luesebrink, 2008: 31-32).

간문화적 상호작용의 형태에 주의를 기울여 볼 때, 간문화소통상황은 상호작용 참여자가 끌고 들어오는 관습, 즉 이미 문화적으로 각인된 말과 행위의 관습에 의해 영향을 받는다. 하지만 간문화소통과정이 진행되면서 그 관습적인 말과 행위는 계속해서 상황에 적응하면서 변화되기도 한다. 어쨌든 소통에 참여한 자의 행동을 제대로 해석하지 못할 경우, 예를 들면 고정관념에 따른 심리적 해석(보기: 전형적으로 과도한 독일적 질서의식, 전형적으로 프랑스적인 즉흥성, 전형적으로 폴란드적인 경제)을 통하여, 상호작용과정이 진행되면서 소통에 참여한 자의 오해와 불쾌감, 그리고 심지어 소통 그 자체의 중단으로 이어질 수 있다.

이와는 대조적으로 대화에 참여한 자의 충분한 간문화능력과 적절한 간문화학습과정에 기반을 둔 소통과정은 그만큼 성공적으로 진행될 수 있는 가능성이 높으며, 이럴 경우 타자에 대한 이해와 인정을 넘어서서 그의 인성(인격)과 문화에 대한 존중으로 나아갈 개연성이 더 많다(Luesebrink, 2008: 46-47).

이 맥락에서 간문화적 상호작용상황의 분석을 위한 상호작용론의 접근방안을 살펴볼 때, 이 접근방안은 특히 태도와 선입견, 적응전략의 역학에 주의를 기울이며, 이와 더불어 간문화적 상호작용상황의 진행과정에서 관찰할 수 있는 반응과 그 반응에 대한 반응에 초점을 맞춘다. 여기서 이해해야 할 간문화적 상호작용상황의 과정적 성격을 다름 아니라 '간문화(interculture)' 혹은 '사이의 문화(사이에 놓여 있는 문화, Zwischenkultur, culture-in-between)'라고 지칭할 수 있다(Auernheimer, 2010b: 25).

이것은 문화접촉을 통해 비로소 발생하며, 언어학적인 관점에서뿐만 아니라 문화학적인 관점에서도 역시 연구해야 할 대상이다. 여기서 사이에 놓여 있다는 것은 과정이며 동시에 간문화이다. 이런 의미에서 간문화성(interculturality)의 개념은 언제나 상호작용과정에 초점을 맞추며, 엄밀히 말하자면, 이것은 서로 다른 문화 사이에서 발생하는 상호작용의 측면을 소홀히 다룬 채 전적으로 문화비교 혹은 문화대조에 국한된 접근방안과는 차별화된다(Luesebrink, 2008: 45).

|2| 간문화소통과 간문화교육

간문화교육은 오늘날 교육분야에서 국제적으로 가장 집중적으로 논의가 된 문제영역 중의 하나에 속한다. 그 배경적 요인은 물론 모든 생활영역에서 증가한 국제화의 경향과 이주현상의 증가에서 찾을 수 있으며, 이로 인하여 교육제도는 새로운 도전에 봉착하고 있는 실정이다. 이 맥락에서 간문화교육의 기본적인 과제는 학습자들이 다문화적 상황에 대한 그들의 일상적인 인지를 해석하고, 다문화적 상황의 다양성 속에서 그들 자신의 정체성을 스스로 적절하게 확립하도록 도와주는 데 놓여 있다(Luesebrink, 2008: 65-66; 허영식, 2013: 11-12; 허영식·정창화, 2012a: 80-82; 허영식·김진희, 2013:

32-33).

간문화교육은 학습자가 자신의 생활세계에서 경험하는 동안에도 이루어질 수 있으며, 교육기관에서 아니면 교육기관 바깥에서 교육적인 지도와 안내를 받으면서 이루어질 수 있다. 교육의 장이 어느 곳이든 관계없이, 간문화교육·훈련 혹은 간문화학습에 대한 개념을 한마디로 정의하자면, 목표에 지향을 둔 간문화능력의 함양·신장이라고 할 수 있다.

그리고 간문화능력의 개념은 자기 자신과 타자의 인지·판단·감정·행위에서 문화적 조건과 영향을 미치는 요인을 파악하고, 존중하며 생산적으로 이용할 수 있는 능력으로 이해할 수 있다. 여기에는 세계에 대한 해석 및 구성과 관련하여 서로 적응하고, 양립불가능한 측면에 대하여 관용하고, 상승(시너지)효과를 발휘할 수 있도록 협력·공동생활·행위지향의 형태를 개발한다는 것이 함축되어 있다(Leenen et al., 2010: 109-113; Luesebrink, 2008: 67; 허영식·정창화, 2012a: 84-86; 허영식·김진희, 2013: 34-43).

간문화교육 혹은 간문화학습의 개념은 한편으로 전통적인 외국어수업과 다른 한편으로 외국인교육학과 분명하게 구별할 수 있다. 전통적인 외국어수업은 다른 사회·언어·문화를 주로 외부의 관점에서, 즉 자신의 문화에 대한 간문화적 관계를 체계적으로 포함시키지 않는 상태에서, 다루는 경향이 많았다. 전통적인 외국인교육학은 일차적으로 보상적인 차원에서 외국인 혹은 외국인자녀가 안고 있는 문제와 결핍을 보상적 차원에서 다루려는 경향이 강했다(Luesebrink, 2008: 68).

간문화교육을 통해 함양·신장시켜야 할 능력으로는 일차적으로 언어능력, 지역학능력, 텍스트종류에 특정한 행위능력(외국어로 된

텍스트종류를 상황에 적합하게 활용할 수 있는 능력), 간문화행위능력(타문화에 속한 구성원과의 소통·상호작용상황에서 적합하게 행위를 할 수 있는 능력)의 네 가지로 설정할 수 있으며, 이것들은 체계적으로 서로 연결되어 있다(Luesebrink, 2008: 69).

생활세계에서의 경험에서 혹은 여러 가지 다양한 종류의 교육기관에서 이루어질 수 있는 간문화학습의 과정은 일반적으로 일련의 점진적인 개선을 반영하는 단계모형으로 기술할 수 있다. 예를 들면, Hoopes는 간문화학습의 전개과정을 다음과 같이 여섯 단계로 구별하고 있다.

••• 표 3-1 간문화학습의 전개과정

단계	특징
① 자민족 중심주의	자신의 문화적 정체성을 지나치게 높게 평가하고, 타문화의 가치와 문화표준을 무시하거나 평가절하하려는 경향
② 주의와 관심	다른 문화와 거기에 속한 구성원에 대한 긍정적인 지향
③ 이해	다른 문화의 가치와 상징적 코드를 적합하게 해석할 수 있는 능력
④ 인정	문화적 차이(자신의 도덕·가치표상과 어긋나는 것도 포함)를 인정하고 승인할 수 있는 준비자세
⑤ 존중	타문화의 가치와 문화표준에 대한 존중(동일시의 형태 포함)
⑥ 선택적 취득	타문화의 가치·표준·상징체계의 선택적 취득과 습득에 해당하는 여러 가지 다른 맥락과 형태

출처: Hoopes, 1981; Luesebrink, 2008: 69 재인용

상기한 모형에서 마지막 단계인 선택적 취득에 해당하는 보기로는 다음과 같은 사항을 들 수 있다(Luesebrink, 2008: 69).

① 이주의 맥락에서 문화적·언어적 동화, 이중문화병용, 다문화주의의 형태
② 식민주의의 맥락에서 동화의 과정, 그리고 타문화로 넘어가는 과정(다른 사회·문화에 통합되고, 원래 자신이 갖고 있던 가치와 행동방식을 상당 부분 버리는 현상)
③ 오늘날 국제화·세계화의 맥락에서 간문화적 적응의 다양한 형태(타문화의 가치·문화표준·상징체계를 부분적으로 취득하는 형태)

상기한 단계모형은 간문화학습과정이 일련의 발달단계를 함축하고 있다는 점을 보여주고 있다. 즉, 뒤따르는 역학을 작동시키기 위해서는 일단 먼저 (구체적으로 경험한) 타문화에 대하여 편견이 필요할 수 있다는 것을 추정할 수 있다. 타자 혹은 낯선 것에 대하여 이해할 수 있으려면, 일단 그것의 상이성에 대한 주의와 관심이 요청되며, 처음에 갖게 된 주의와 관심은 나중에 다른 특정한 문화집단이나 그 구성원에 대하여 갖게 되는 일반화의 초기현상이라고 해석할 수 있다(Luesebrink, 2008: 69; 허영식·김진희, 2013: 49-51).

Bennett은 간문화감수성에 대한 연구에서 상기한 Hoopes의 모형과 유사한 간문화교육의 발달단계를 제시하고 있다. 하지만 여기서는 타문화에 대한 학습자의 정서적인 태도와 자문화에 대한 차이를 강조함으로써, 문화적 차이에 대한 주관적인 인지와 그것에 대한 정서적인 취급에 중점을 두는 것으로 보인다. Bennett의

단계모형은 연속선으로 관찰할 수 있는 여섯 단계로 구성되어 있다. 학습자는 자문화에 경도된 기본적인 태도(자민족중심주의)에서 출발하여, 타문화에 대한 관용과 존중을 함축하고 있는 개방성(자민족상대주의)으로 나아가면서 감수성을 제고하는 것으로 간주된다(Luesebrink, 2008: 70).

표 3-2 간문화감수성 발달모형

(자)민족중심주의	(1) 문화적 차이의 부인(否認)
	(2) 문화적 차이에 대한 방어
	(3) 문화적 차이의 최소화
(자)민족상대주의	(4) 문화적 차이의 수락(수용)
	(5) 문화적 차이에 대한 적응
	(6) 문화적 차이의 통합

출처: Bennett, 1986; Grosch and Leenen, 1998: 38; Auernheimer, 2010b: 125; 허영식·정창화, 2012a: 91 재인용

Barmeyer는 상기한 Bennett의 간문화감수성 발달모형을 준거로 삼아 간문화학습의 전개과정을 간문화행위능력(상호작용능력)의 발달과 결합시켜 다음과 같이 간문화학습의 단계모형을 제시하고 있다.

표 3-3 간문화학습의 발달과정

단계	특징
① 부인 (denial)	문화적 차이의 경험정도(간문화감수성) 문화적 차이를 인지하지 않거나 매우 선택적으로 피상적으로만 인지한다.

	행위능력(상호작용능력) 자신에게 친숙한 문화적 구조에 국한되어 있으며, 타문화에 대한 감수성이 매우 저조하다. 즉 상호작용 가능성이 거의 없다.
② 방어 (defense)	문화적 차이의 경험정도(간문화감수성) 문화적 차이를 시인하지만 그것을 부정적으로 판단·평가한다.
	행위능력(상호작용능력) 문화적 우월감이나 열등감이 작용하며, 그 결과 고의적인 관용을 보이는 경향이 강하다.
③ 최소화 (minimization)	문화적 차이의 경험정도(간문화감수성) 문화적 차이를 인정하지만 별로 중요하지 않은 것(사소한 것)으로 간주한다.
	행위능력(상호작용능력) 문화적 보편성을 가정하며, 남에게 받아들여지기 위해 정직하게 자기표현을 하는 것으로 충분하다.
④ 수락(수용) (acceptance)	문화적 차이의 경험정도(간문화감수성) 문화적 차이를 인정하고 수락(수용)한다.
	행위능력(상호작용능력) 차이의 발견에 대해 즐거워하며, 이 차이를 다른 사회의 현실로 파악하고 배우려는 자세가 되어 있다.
⑤ 적응 (adaptation)	문화적 차이의 경험정도(간문화감수성) 문화적 차이가 일반적인 적응과정을 유발한다.
	행위능력(상호작용능력) 자신의 사고와 행위를 다른 낯선 구조에 적응시킬 수 있는 능력을 갖추게 된다.
⑥ 통합 (integration)	문화적 차이의 경험정도(간문화감수성) 문화적 차이를 비평적 관점에서 자신의 인성(인격)형성에 포함시킨다.
	행위능력(상호작용능력) 문화적 차이를 인지하고 받아들이는 과정에 자신의 인성(인격)을 결부시킬 수 있는 능력을 갖추게 된다.

출처: Barmeyer, 2003: 303; Luesebrink, 2008: 71 재구성

상기한 세 가지 모형에 기초할 때, 간문화교육은 결국 타문화와 그것의 소통형태·의식(儀式)·상징코드·가치에 접근하는 분화된 과정으로 해석할 수 있다. 그것은 잠재적으로 문화의 총체적인 영역과 간문화소통의 전체적인 폭(간문화적 상호작용형태, 지역학적 지식, 타문화에 대한 인지·심상 등)을 포괄하고 있다. 특히 제도적 교육·훈련기관의 틀 속에서 간문화교육은 언제나 교육목표, 교육과정, 프로그램, 제한된 시간에 의해 결정된 선택적 학습을 염두에 두고 있기 때문에, 간문화학습에 대한 논의는 대개 핵심적인 목표설정과 학습대상에 중점을 두게 된다(Auernheimer, 2010a: 57-60; Luesebrink, 2008: 70; 허영식·정창화, 2012b: 22-24, 104-106; 허영식·김진희, 2013: 43-47).

이와 같은 간문화학습모형의 기저에는 이미 인간에 대한 특정한 심상이 가정되어 있는데, 그것은 잠재적으로 자기성찰적인 주체, 즉 세계와 그 속에서 자신의 경험을 성찰하기 위하여 늘 해석을 하고 의미를 부여하는 존재로서의 '해석적 인간(homo interpretans)'의 모습을 함축하고 있다. 어쨌든 간문화학습의 일반적인 목표는 타자에 대한 인정과 승인, 그리고 간문화적 접촉상황에서의 적절한 행위라고 설정할 수 있다. 여기에는 언제나 공감능력과 상호작용능력, 스트레스와 모호성에 대한 관용능력이 포함된다. 그리고 간문화교육·훈련의 형태와 구상은 비록 다양하게 존재하지만, 그 핵심영역은 한편으로 해외체류와 관련된 생활세계의 영역이며, 다른 한편으로 제도적 교육기관이라는 점을 확인할 수 있다(Bender-Szymanski, 2010: 202; Luesebrink, 2008: 72; 허영식·김진희, 2013: 36-38, 49-53).

|3| 다양성관리와 다양성연구

(1) 다양성관리와 다양성연구의 관계

다양성관리와 다양성연구에 관한 최근의 동향을 살펴볼 때, 독일에서는 통합적 연구방향으로서 다양성연구를 제도화하려는 움직임을 확인할 수 있다. 영미지역에서는 노동이주, 인구통계와 고용, 여성의 취업활동과 같은 연구문제가 이미 다양성연구의 이름 아래 통합되고 있다. 대학에서는 다양성연구소나 다양성연구학과가 존재한다.

베를린자유대학에서는 2005년에 다양성연구를 위한 연구네트워크가 등장하였다. 통합적 연구방향으로서의 다양성연구에는 여러 서로 다른 학문분야에서 관련자들이 참여하였다. 예를 들면, 경영학, 정치학, 법학, 사회학, 교육학, 인류학, 민족학, 의학이 반영되었다. 이 맥락에서 다양성의 여러 가지 측면과 관련된 중점이 다루어지고 있다. 예를 들면, 젠더(gender)연구, 노인연구, 간문화연구, 이주연구, 탈식민연구, 반유대주의연구, 장애연구가 수행되고 있으며, 또한 편견연구, 불평등연구, 차별철폐연구, 소수자연구, 동등대우연구와 같이 상당히 통합적인 주제에 대한 연구도 역시 수행되고 있다. 상기한 학문분야별 연구와 간학문적 연구의 방향과 중점은 모두 다양성연구라는 이름하에 통합될 수 있다.

다양성이라는 구성개념은 자연과학에서뿐만 아니라 사회과학에서도 역시 이미 오랫동안 명시적으로 사용되고 있다. 이와 관련된 연구주제로는 언어의 다양성, 문화적 다양성, 이론의 다양성 따위를 들 수 있다. 여기에 더하여 다양성을 함축적으로 내포하고 있으면서 명시적인 다양성과 친화성이 있는 개념이나 구성개념이 있다. 예를 들면, 차이는 여러 학문분야에서 다소 오랜 전통을 갖고 있는 개념이다. 여기서 차이의 철학, 분화심리학, 분화적 인적자원경영학 따위를 거론할 수 있다. 차이의 개념 이외에 타자, 다름, 낯섦과 같은 개념도 역시 거명할 수 있다. 차이에 따른 분화(doing difference), 성에 따른 분화(doing gender), 젠더화(gendering), 민족화(ethnization)에 대한 연구는 모두 분화과정에 초점을 맞춘다. 이것은 다시금 차별 및 불평등에 대한 연구와 밀접하게 연결되어 있다(Krell et al., 2007: 7-8; Krell and Sieben, 2007: 235-237; Mecheril, 2009: 203-204; 허영식·정창화, 2012a: 92-94, 115-116).

다양성과 관련하여 혼성(화)의 개념도 역시 중요하며, 다양성과 연관되어 있는 정체성개념으로는 혼성(hybrid, patchwork)정체성, 다중(multiple)정체성, 조망(perspective)정체성, 이동(shifting)정체성, 초국가(transnational)정체성, 블러(blur, 경계가 불분명한)정체성, 하이픈(hyphenated, 하이픈으로 연결한 외국계 시민의)정체성, 다문화(multicultural)정체성, 간문화(intercultural)정체성, 포용(inclusive)정체성, 역동적(dynamic) 정체성, 디아스포라(diaspora)정체성, 혼합된 혹은 파편화된 민족정체성(mixed or fragmented ethnic identities), 그리고 심지어 디지털공간에서 작용하는 가상적(virtual) 집단정체성 등을 들 수 있다(Krell et al., 2007: 8; 허영식·정창화, 2012a: 120; 허영식·정창화, 2012b: 15-19, 104-105; 허영식 외, 2014: 3).

여기서 열거한 개념의 대부분은 분석적 범주의 특징을 상대적으로 강하게 지니고 있다. 하지만 (단일문화 대신에) 다문화주의, (동화 대신에) 다원주의, (배제나 배척 대신에) 통합이나 포용 따위는 오히려 다양성을 다루는 일과 관련된 지향점이나 전략을 더 많이 강조하는 경향이 있다. 그럼에도 불구하고 분석적 개념과 규범적 지향점은 물론 언제나 서로 결합되어 있다.

하지만 다양성연구는 특히 다양성관리를 통하여 유행하게 되었으며, 이와 동시에 또한 논쟁의 대상이 되었다. 다양성관리라는 용어는 다양성을 건설적이고 생산적으로 다루기 위한 전략·프로그램·조치를 가리킨다. 여기서는 어떤 조직의 구성원이나 준거집단의 다양성이 중요하며, 특히 노동시장에서의 다양성(노동력 또는 노동인구의 다양성, workforce diversity) 혹은 어떤 조직에 고용된 사람들의 다양성(일터 또는 일자리의 다양성, workplace diversity)이 중요한 문제로 간주된다. 그 반면에 마케팅을 위해서는 판매시장(판로)에서의 다양성 혹은 고객의 다양성이 결정적으로 중요하다.

다양성관리의 맥락에서 다양성은 성별, 연령, 국민, 민족, 문화, 종교, 성적 정체성과 지향, 가족상황이나 생활상황, 계층, 교육과 훈련, 가치, 행동방식 등과 관련된다. 개념적으로 관찰해 볼 때 가능한 다양성차원의 목록은 얼마든지 더 적어나갈 수 있다. 하지만 연구와 실천에서는 다양성과 관련된 복합성은 상당히 줄어들게 된다. 미국에서는 가장 빈번하게 주제로 삼는 차원으로서 여덟 가지(이른바 big 8)가 거론되고 있다. 여기에는 인종, 성별, 민족·국민, 조직에서의 역할·기능, 연령, 성적 지향, 정신적·신체적 능력(조건), 종교가 포함된다. 독일에서는 우선적으로 성별, 문화·민족·국민, 연령의 세 가지 차원이 고려되거나 아니면 여기에 종교, 신체적 조건(장애), 성적 지향을 더하여 여섯 가지 차원이 고려되고 있다(Krell et al., 2007: 9; Krell and Sieben, 2007: 236-237).

다양성관리의 적실성을 증가시킨 시대적·사회적 배경요인으로는 세계화, 이주, 인구통계학적 변동, 가치변동을 들 수 있으며, 특히 사회운동 혹은 해방운동이 정체성, 생활방식·상태의 다양성을 증가시켰으며 또한 증가시키고 있다. 이를 고려할 때, 정상적인 이력(생활사), 정규노동관계, 정규직근로자 혹은 다른 어떤 정상적 개인과 정상적 관계에서 출발하는 일이 점점 더 적절하지 못한 것처럼 보인다.

여기에 더하여 이러한 정상화 경향은 위계적 분화와 결합되어 있다는 점을 고려해야 한다. 정상적이라고 범주화되고 규범 혹은 규준으로 되는 것은 언제나 다양성관리의 맥락에서 지배집단으로 지칭된 사람들이다. 이들은 대개 남성, 내국인, 이성애자, 비장애자 등이다. 물론 통계적으로 살펴볼 때, 이른바 지배집단은 반드시 다수집단에 속할 필요는 없다. 그러나 그들은 결정적으로 중요한 지위를 차지하고 있으며, 어떤 조직의 문화를 각인시키는 경향이 있다. 아니면 사회정치적 수준으로 전이시킬 경우, 어떤 나라 혹은 그 다수사회의 주도문화를 각인시킨다.

조직과 관련시켜 볼 때, 지배집단이라는 용어는 어떤 조직 내에서 불균등한 힘과 영향력을 갖고 있는 사람들을 가리킨다. 지배집단의 가치와 규범, 행동방식은 표준 혹은 규준으로 격상되며, 따라서 지배를 받는 집단의 구성원을 재는 척도가 된다. 이럴 경우 후자는 일탈적이거나 아니면 심지어 부족한 것으로 나타날 수 있다. 이와 더불어 다시금 예를 들면 근로·소득의 기회와 관련하여 사회적 불평등이 정당화될 뿐만 아니라, 지배를 받는 집단 혹은 주변화된 집단의 구성원은 지배집단의 규범에 적응해야 한다는 기대 혹은 심지어 압력도 역시 정당화된다. 그런데 바로 이 동화하려는 자세가 당사자들에게서 점점 더 줄어드는 경향이 있다. 이것이 또한 다양성관리의 맥락에서 혹은 다양성관리를 위해 고려해야 할 기본적인 진단이기도 하다(Mecheril, 2009: 208-210; 허영식·정창화, 2012a: 998-99).

그런데 동화 대신에 다원주의 혹은 동일성 대신에 다양성을 지향점으로 삼을 경우, 이것은 지배집단과 피지배집단 사이의 관계에 대해서뿐만 아니라, 지배집단 내의 관계와 피지배집단 내의 관계에 대해서도 역시 해당하는 이야기이다. 민족·성별·연령의 특징 등에 의거하여 형성된 집단을 바라볼 때, 우선 고려할 수 있는 사항은 모든 개인이 하나의 집단에 속하는 것이 아니라 여러 집단에 속할 수 있다는 것이다. 그리고 이것은 동일한 집단소속에도 불구하고 서로 다른 부분정체성을 수반할 수 있다. 여기에 더하여 서로 다른 집단의 구성원 사이에 공통점도 존재할 수 있고, 그러한 집단 내에서 예를 들면 가치와 행동의 측면에서 차이가 존재할 수 있다는 점도 강조되고 있다.

이 모든 것을 고려할 때 다양성관리의 선언적 목표는 다원주의가 지배적인 원칙으로 작용하고, 다양성을 존중하며, 어떤 누구도 특정한 집단소속으로 인하여 혹은 그 자신의 개인성으로 인하여 차별을 받지 않도록 하는 데 놓여 있다. 이 목표는 우선적으로 경제적 이득이나 장점을 약속하기 때문에 추구하게 된다. 그리고 경제성을 담보하는 이유로 다른 사람들을 더 잘 설득할 수 있게 된다.

그러나 이것이 모든 것은 아니다. 다양성관리에서는 대개 경제성이 우선적으로 강조되고 있기는 하다. 하지만 다양성관리를 발생시킨 나라인 미국을 살펴보면, 인권운동 및 이것과 밀접한 연관성이 있는 차별철폐운동과 입법이 중요한 출처로 작용하였으며, 또한 다양성관리의 발생과 보급·확산을 위한 추동력으로 작용하였다. 이러한 이유 때문에, 미국에서는 다양성이라는 주제와 관련하여 기업 및 다른 조직의 관리가 중요한 측면으로 간주될 뿐만 아니라, 그 이상의 사회적 의미 혹은 사회정책적 의미와 중요성도 역시 띠고 있다. 이와 같은 맥락에서 다양성의 주제는 단지 경영학과에서만 다루어야 할 것이 아니라, 다른 여러 학문분야의 연구 대상이기도 하다(Krell et al., 2007: 10-11; Mecheril, 2009: 206-207; 허영식, 2013: 20-26; 허영식·정창화, 2012a: 94-95, 116-121).

(2) 다양성관리의 쟁점과 특징

독일의 경우를 살펴보면, 최근에 특히 일반동등대우법(AGG: Allgemeines Gleichbehandlungsgesetz)의 틀 속에서 유럽연합의 차별금지지침이 실행되면서 다양성관리와 더불어 다양성연구를 위한 중요한 계기가 마련되었다(Bayreuter, 2007: 179-182; Klose, 2009: 46-50; 정창화·허영식, 2013: 186). 그러나 앞에서 이미 언급한 바와 같이, 다양성관리, 그리고 이와 더불어 다양성은 최근에 중요한 의제 혹은 유행어가 되었을 뿐만 아니라, 이와 동시에 논쟁의 대상이 되었다.

특히 사회과학적 여성학과 젠더연구의 일부 대변자들이 다양성과 다양성관리에 대해 명시적으로 거부하는 태도를 취하고 있다. 이들의 비평에 따르면, 다양성관리는 단지 경제적인 동기만을 추구하며, 권력관계와 불평등을 소홀히 다루고, 양성의 사고방식과 행동방식을 상대화시킨다는 것이다. 하지만 여기서는 다양성관리에 대한 일방적인 그리고 부분적으로 왜곡된 심상을 확인할 수 있다(Krell et al., 2007: 11-12).

이 논쟁과 관련하여 여기서는 특히 두 가지의 비판점 혹은 두려움을 거론하고자 한다. 첫째, 다양성이 젠더를 주변화시키거나 아니면 심지어 억압할 수 있다는 것이다. 둘째, 경영학이 동등대우정책 혹은 다양성연구의 주도적인 학문분야가 된다는 것이다.

첫 번째 비판점과 관련하여, 이 글에서는 다양성이 젠더를 주변으로 밀어내거나 아니면 심지어 억압한다는 것을 의도하지도 않으며 그러한 결과를 기대할 수도 없다는 점을 강조하고자 한다. 그와는 정반대로 다양성연구는 여성연구와 젠더연구를 대체하는 것이 아니라 오히려 보완하는 데 기여할 것으로 기대한다. 다양성관리의 실천과 다양성에 대한 연구에서 젠더는 여전히 중요한 역할을 수행한다. 게다가 다양성은 젠더를 위하여 심지어 길을 열어주는 기능을 수행할 수도 있다. 게다가 다양성이라는 범주를 결코 외부에서 젠더연구에 끌어들이거나 말하자면 젠더연구에 강요하는 것이 아니다. 오히려 젠더연구 내에서 젠더의 다양성에서 출발하는 여러 가지 접근방안이 존재한다. 여기서 이른바 교차성(intersectionality)에 대한 접근방안을 거론할 수 있다(Doeren, 2007: 112-119; 허영식·정창화, 2012a: 120).

상기한 사항에 기초할 때, 젠더와 다양성을 양자택일의 문제로 바라볼 것이 아니라, 오히려 두 가지 범주 혹은 개념을 어떻게 연결할 것인가의 질문에 주의를 기울이는 일이 더 적절한 것으로 보인다. 여기서는 특히 지배와 종속의 문제가 중요하다. 이 맥락에서 원칙적으로 세 가지 대안이 가능하다. 즉, 다양성을 젠더의 하위범주로 간주하는 방안, 거꾸로 젠더를 다양성의 하위범주로 간주하는 방안, 그리고 젠더와 다양성을 동등한 병존관계로 파악하는 방안이 가능하다.

하지만 이론적 수준에서나 정치적 수준에서 어느 대안이 옳은 것인가를 보편타당하게 결정할 수는 없다. 오히려 더 중요한 점은 취득한 관점에서 그리고 관찰의 대상이 된 맥락을 염두에 두면서 그러한 우선순위나 위계질서의 합목적성을 판단하고 평가하는 일이 더 중요한 것으로 보인다. 예를 들면, 민족·계층·인종·연령과 같은 다양성의 다른 차원에 대한 관계에서 젠더가 어떤 적실성을 갖고 있는지를 그때그때 상황에 적합하게 탐색하는 일이 다양성연구의 핵심적인 과제에 속한다(Krell et al., 2007: 12-13; Krell and Sieben, 2007: 237-238; 허영식·정창화, 2012a: 119-121).

이제 두 번째 비판점, 즉 경영학이 동등대우정책 또는 다양성연구의 주도적인 학문분야가 된다는 우려를 해소하는 일에 주의를 기울일 필요가 있다. 연구방향 혹은 프로그램으로서의 다양성연구는 오히려 다학문적 혹은 간학문적 시도로 생각하고 실행할 수 있다고 이해하는 것이 더 적절하다. 다시 말하면, 서로 다른 학문분야에서 종사하는 연구자, 그리고 서로 다른 중점을 갖고 있는 연구자의 협력과 교류가 다양성연구의 목표이며, 바로 그 점이 다양성연구의 장점이기도 한 것이다.

결국 다양성관리는 경영학에서만 다룰 수 있거나 다루어야 할 성질의 것이 아니다. 다른 학문분야와 더불어 얼마든지 다른 중점이 의제로 다루어질 수 있다. 예를 들면, 교육학의 틀 속에서 다양성교육을 다룰 수 있으며, 정치학이나 법학의 틀 속에서 다양성정치를 다룰 수 있다. 민족학의 관점에서는 민족적 다양성의 구성과 더불어 민족적 다양성을 어떻게 다룰 것인가의 질문에 초점을 맞출 수 있다. 인류학의 관점에서는 다양성을 역사적·문화적 측면에서 형성된 인간의 조건으로 이해할 수 있다.

다학문적·간학문적 시도로서의 편견연구는 다양성연구를 위해 여러 가지 측면에서 단서를 제공해 줄 수 있다. 보건연구도 역시 보건을 다양성의 차원으로서 관찰할 수 있는 가능성을 열어준다. 거꾸로 다양성연구에서 출발하여 보건연구를 위하여 중요한 시사점을 찾을 수 있다. 또한 다양성의 개념을 중심으로 한 연구를 통하여 성별·연령·민족의 상호 연관성과 교차성을 확인할 수 있다. 이와 같이 다양성연구는 여러 가지 서로 다른 학문분야의 인식과 관점, 그리고 젠더연구, 민족학, 간문화연구, 이주연구, 노인연구 등에서 나온 인식과 관점을 서로 연결하거나 결합시키려는 데 목표를 두고 있다(Krell et al., 2007: 13-14). 그러한 통합적 관점의 장점 혹은 기대효과는 적어도 다음과 같이 세 가지 측면에서 찾아볼 수 있다(Krell et al., 2007: 14).

① 서로 다른 학문분야에서 종사하는 연구자와 서로 다른 중점을 가진 연구자가 서로 많은 것을 배울 수 있다.
② 예를 들면, 연령, 성별, 민족·문화의 구성에 대한 분석을 고려할 때 시너지(상승)효과를 기대할 수 있다.
③ 각 학문분야나 연구영역 내에서 분석할 경우와 비교해 볼 때, 연령, 성별, 민족·문화의 교차와 겹침을 더 개방적으로 그리고 더 분화시켜 분석하고 연구할 수 있다.

결국 다양성관리와 다양성연구는 배제와 차별의 문제에 적절하게 대처하고, 다양한 사람들의 능력과 잠재성을 극대화하고, 그들의 협력과 공존을 별 마찰 없이 구성하는 데 목표를 두고 있다. 이를 통하여 피지배집단의 구성원뿐만 아니라, 사회와 조직도 역시 도움과 이득을 얻을 수 있을 것으로 기대할 수 있다. 그런 점에서 다양성관리와 다양성연구는 이론적 작업과 적용 및 실천을 결합시키려는 방향성을 갖고 있다.

이 장에서는 간문화소통과 다양성관리에 대한 연구동향을 살펴보고 그 함의를 도출하는 데 목적을 두었다. 이를 위하여 간문화소통과 간문화연구, 간문화소통과 간문화교육, 그리고 다양성관리와 다양성연구에 대하여 기술하였다. 이상의 논의를 바탕으로 하여 이제는 특별히 간문화소통과 다양성관리의 관계에 초점을 맞추어 우리 사회를 위한 함의를 도출하고자 한다. 이 맥락에서 강조하고자 하는 사항은 다음과 같이 몇 가지 명제로 정식화하여 제시할 수 있다.

첫째, 간문화현상에 대한 연구와 다양성 및 다양성관리에 대한 최근의 연구동향에서 확인할 수 있는 바와 같이, 두 연구영역 모두에서 여러 실천영역과 학문분야를 포함하면서 통합적 관점에서 연구를 수행하려는 간학문적 접근방안이 우세한 것으로 보인다.

둘째, 간문화소통과 간문화이해를 활성화하기 위하여 학습자와 시민이 갖추어야 할 목표개념으로서 특히 간문화능력이 많이 거론되고 있으며, 이와 더불어 간문화능력의 함양·신장을 위한 교육적 방책인 간문화교육·훈련·학습의 필요성과 적실성이 강조되고 있다. 그리고 다양성을 생산적으로 잘 이용하기 위한 접근방안인 다양성관리에 있어서도 역시 목표개념으로서 간문화능력이 요청되고 있다.

셋째, 간문화소통의 활성화와 더불어 간문화이해에 기여하기 위한 구체적인 사업의 대표적인 보기로서 유럽연합이 기획하고 운영한 '기회균등의 해'(2007)와 '간문화대화의 해'(2008), 그리고 다년간의 프로젝트로서 수행하고 있는 '간문화도시' 사업을 거론할 수 있는데, 이러한 사업이나 프로젝트의 기반이 되는 접근방안이 바로 다양성관리이다. 이러한 점을 고려할 때, 다양성관리는 결국 간문화소통의 활성화와 간문화이해의 강화를 위하여 방법적 측면에서 적절한 단서를 제공할 수 있을 것으로 보인다.

넷째, 간문화소통과 다양성관리의 밀접한 관계는 또한 간문화소통과 간문화관리의 연관성에서도 역시 다시 확인할 수 있다. 간문화소통과 간문화이해에 기여할 수 있는 접근방안으로서 좁은 의미에서 간문화관리가 거론되고 있으며, 이 간문화관리보다 더 폭넓은 개념이 다양성관리라는 점을 고려할 때, 간문화관리를 포함하고 있는 다양성관리는 결국 간문화소통과 간문화이해의 강화를 위해 염두에 두어야 할 중요한 접근방안이다.

다섯째, 다문화사회를 향한 도정에 있는 우리 사회도 역시 앞으로 간문화소통·간문화능력·간문화교육·간문화관리·다양성관리의 밀접한 연관성을 고려하면서, 간문화현상과 다양성현상에 대한 연구에 있어서 간학문적인 접근방안을 모색할 필요가 있으며, 간문화소통 및 다양성관리의 활성화를 위한 전제조건으로서 간문화능력의 함양·신장을 위한 간문화교육의 실천적·제도적 방안을 강구해야 한다.

요 약

이 장은 간문화소통과 다양성관리에 대한 연구동향을 살펴보고 그 함의를 도출하는 데 목적을 두었다. 이를 위하여 간문화소통과 간문화연구, 간문화소통과 간문화교육, 그리고 다양성관리와 다양성연구에 대하여 기술하였다. 이 글에서 강조하고자 하는 사항은 다음과 같이 몇 가지 명제로 정식화하여 제시할 수 있다. 첫째, 간문화현상에 대한 연구와 다양성 및 다양성관리에 대한 연구에서 모두 간학문적 접근방안이 우세하다는 것을 확인할 수 있다. 둘째, 간문화소통과 다양성관리의 공통점으로서 간문화능력을 목표개념으로 설정하고 있다. 셋째, 다양성관리는 간문화소통의 활성화를 위해 방법적 측면에서 적절한 단서를 제공할 수 있을 것으로 보인다. 넷째, 간문화소통과 간문화관리의 연관성에서도 다시 확인할 수 있는 사항이지만, 간문화관리를 포함하고 있는 다양성관리는 결국 간문화소통의 강화를 위해 중요한 접근방안이다. 다섯째, 우리 사회도 역시 간문화소통·간문화능력·간문화교육·간문화관리·다양성관리의 밀접한 연관성을 고려하면서, 간문화현상과 다양성현상에 대한 연구를 수행할 필요가 있다.

제 4 장

다문화사회에서 사회통합을 위한 간문화적 행위영역과 실천

제 4 장

다문화사회에서 사회통합을 위한 간문화적 행위영역과 실천*

다문화사회에서 서로 다른 문화가 만나고 교차하는 상황과 그 교차상황에서 발생하는 모든 일과 사건을 포괄하기 위하여 사용되는 추상화된 개념이 다름 아니라 간문화성(Interkulturalitaet)이다(Eril and Gymnich, 2010: 34-36; Kordes et al., 2006: 15-21; Waldenfels, 2010: 21-34; Adick, 2010: 105-111; Terkessidis, 2010; 허영식, 2010: 15-17). 그렇지만 이 간문화성은 바로 서로 다른 문화의 차이와 다양성으로 인하여, 주어진 다문화사회에서 여러 개인이나 집단이 함께 잘 공존할 수도 있지만, 서로 대립을 하거나 갈등을 벌이면서 이러저러한 방식으로 서로 긴장관계를 형성할 수도 있다. 따라서 간문화적 '사이공간'에서 발생하는 사안을 싫든 좋든 다루지 않으면 안 되는 간문화적 사업은 어쨌든 이 긴장관계에 주의를 기울일 필요가 있다.

이와 같은 맥락에서 우리는 또한 시야를 넓혀 다문화사회에서 사회통합에 기여할 수 있는 간문화적 행위영역과 실천, 혹은 사회적 포용과 통합에 대하여 결정을 하는 특정한 기능체제에 대해서

* 제4장의 내용은 「한독사회과학논총」 제23권 제1호(2013.03.)에 게재한 필자의 글을 부분적으로 수정·보완한 것임.

도 역시 특별한 관심을 가질 필요가 있다(Radke, 2011: 122-125). 왜냐하면 다문화사회가 점점 더 복합적인 성격을 띠면서, 서로 긴장관계 속에 놓여 있는 사람들에게, 위에서 언급한 '사이공간'에서 출발하여 어떤 영향을 미치기 위해서는, 이를테면 단순히 교육학이라는 하나의 학문분야나 아니면 정치라는 하나의 행위영역에서 쉽게 해결방안을 모색할 수가 없기 때문이다. 다시 말하면, 그러한 일은 특정한 하나의 학문분야나 특정한 행위영역에 국한되어 일어나지 않고, 점점 더 많이 간문화적 네트워크 속에서 이루어지고 있기 때문이다.

그러한 간문화적 네트워크의 보기로는 학교·법·교육학 사이에서 이루어지는 간문화적 중재의 행위단위, 해외파병부대와 유엔기구·비정부기구 구성원을 위한 간문화적 교육의 행위단위, 혹은 사회복지사와 (이주배경을 가진) 고객을 위한 간문화적 치료의 행위단위를 들 수 있다. 체제이론의 관점에서 바라볼 때, 이와 같은 사이공간은 각 행위영역의 준거체제와 그것을 둘러싼 환경 사이에서 변동하거나 진동한다. 다시 말하면, 여기서 보기로 든 각 행위의 단위는 서로 다른 행위영역 사이에서 탐색운동과 시험운동을 거치면서 구성되는 것이다.

이 맥락에서 우리는 간문화적 행위의 영역을 설정하는 이 사이공간에 특별한 주의를 기울일 필요가 있으며, 거기서 출발하여 개인과 집단이 어떻게 그들 나름대로 전략을 강구하는지 살펴볼 필요가 있다. 이와 같은 간문화적 사이공간체제(interkulturelles Zwischenraum-System: 사이공간에서 발생하는 간문화적 체제) 혹은 간체제(Intersystem)는 또한 대인관계에서 출발하여 국제관계에까지 미치는 상호작용과 연결되어 있으며, 지방과 세계의 밀접한 관계(세방화, Glokalisierung)와 연결되어 있다. 바로 그렇기 때문에 간문화적 행위영역과 실천은 어쩔 수 없이 양면가치와 모호성을 유연하게 다룰 수 있는 방안을 모색해야 한다. 결국 미래지향적인 관점에서 간문화적 학문과 실천은, 간문화성을 개별적인 행위영역으로 환원시킬 수 없다는 점을 고려하면서, 적절한 전략과 방안을 모색해야 한다는 과제를 안고 있다(Kordes and Mueller, 2006: 163-167; 허영식, 2010: 160-164).

이와 같은 배경과 전제에서 출발하여, 이 장은 서로 다른 행위영역에서 간문화적 변동을 구성하는 데 있어서 고려해야 할 도전과 실천을 살펴보는 데 주된 목적을 두고 있다. 이 장에서는 특히 교육·사회복지·경제의 세 가지 행위영역에 중점을 두고자 한다. 정치, 예술·문화, 종교, 대중매체, 학계(대학·연구소), 개발협력사업, 관광여행과 같은 다른 행위영역(Eril and Gymnich, 2010: 9)을 여기서 모두 다루는 데 있어서는 한계가 있으므로, 본고에서는 필요한 경우 이 다른 행위영역에 대해서 단지 주변적으로 언급하고자 한다. 이와 같은 연구범위의 제한에도 불구하고, 중점적으로 다룰 행위영역에 있어서도 역시 분화된 하위영역과 세부사항에 관한 담론을 모두 다룰 수는 없다.

이 장에서 초점을 맞추고자 하는 것은 중점적으로 선정한 행위영역에서 최근 관찰할 수 있는 전개양상과 공통점을 명료화하는 일이다. 상기 목적에 다가가기 위하여, 예시적 차원에서 프랑스와 독일의 사례를 중심으로 하여, 교육·사회복지·경제의 세 가지 행위영역별로 각각 간문화적 변동과 관련된 동향에 주의를 기울인다. 그 다음 결어부분에서는 본고에서 강조하고자 하는 사항을 몇 가지 명제로 정식화하여 제시하고자 한다.

|1| 교육의 행위영역과 실천

(1) 언어적·문화적 이질성과 동질성

개별국가가 언어적·문화적 이질성을 서로 다른 방식으로 인정하고 그에 따라 언어정책을 서로 다르게 구성하고 있음에도 불구하고, 오늘날 언어적·문화적 이질성은 더 이상 예외적인 현상이 아니라, 세계 도처에서 점점 더 일상적으로 경험할 수 있는 정상적인 경우가 되고 있다. 유럽대륙에서 18세기말과 19세기초에 국민국가가 형성되면서, 국민에 특정한 공통의 역사·문화·언어에 대한 이념이 여러 민족·신분의 편입을 위해 필수적으로 요청되는 것으로 간주되었다.

19세기부터 특히 의무교육 차원에서 마련된 '국민'학교제도를 통하여 관철된 정상성의 공식(한 인간=한 언어; 한 국민=한 국가 혹은 영토=한 언어)은 20세기 후반에까지 지속적으로 적용되었다. 프랑스와 독일 양국 모두에서 언어적·문화적 동질성의 이념이 중요한 정치적·교육적 구성원리로 작용하였다. 물론 이와 동시에 다른 한편으로 탈식민시대의 이주, 노동이주, 난민이주, 가족재결합을 위한 이주, 해외동포이주 등이 프랑스와 독일의 사회를 상당히 변화시켰다.

프랑스와 독일 양국은 새로운 요구사항에 대하여 서로 다르게 반응하였다. 프랑스는 동화·동질화의 성격이 강한 공화국의 이념과 힘을 고수하였다. 1990년대말까지 '독일은 이주국가(Einwanderungsland)가 아니다.'라는 점을 반복해서 주장해 왔던 독일정부는 외국인을 위한 특별한 조치에 더 기대를 걸었다. 이와 동시에 외국의 아동과 청소년을 의무교육 차원의 보통교육에 포함시켰다.

독일이 이주국가라는 점을 공식적으로 인정하게 된 계기는 1998년 사민당·녹색당에 의한 정권교체와 밀접한 관련이 있으며, 그 이후 국적법의 개정(기존의 혈통주의(ius sanguinis)에서 출생지주의(ius soli)로의 전환)과 새로운 이주법의 제정을 통하여 패러다임의 전환이 이루어졌다. 1990년대에 들어와 패러다임의 전환에 대한 요구가 점점 더 증가하게 된 계기는 또한 유럽통합과도 밀접한 연관성이 있다. 왜냐하면 이 유럽통합은 다원화과정에 대한 정치적 의지 및 승인과 결합되어 있기 때문이다(Krueger-Potratz, 2006: 171-172; 허영식·정창화, 2012a: 74-81).

(2) 부족가설과 차이가설

하지만 전체적으로 바라볼 때, 이주와 관련하여 취해진 교육정책의 조치와 법적 규정은 상당 부분 동화주의 논리에 의해 결정되었다. 이것은 유럽수준과 각국수준에서 나온 여러 가지 다른 교육정책의 지침과 권고, 그리고 프랑스 학교와 독일 여러 주의 학교에 해당하는 규정과 법령에서 확인할 수 있다. 교육정책, 교육학 분야의 담론, 그리고 교육실천의 수준에서 관찰할 수 있는 전개과정은 유럽연합의 여러 회원국에서 결코 균등하게 혹은 같은 보조로 이루어지지 않았으며, 이것은 프랑스와 독일에 대해서도 역시 적용되는 사항이다.

그러나 각국의 전통 및 역사와 연결된 모든 특수성에도 불구하고 다른 한편으로는 어느 정도 공통점도 확인할 수 있다. 1960년대 말과 1970년대 초에 프랑스와 독일 양국에서는 이주해 들어온 아동과 청소년을 위하여 특별한 편입조치를 마련했으며, 독일에서는 처음으로 외국인 학생도 역시 의무적으로 학교에 다녀야 한다는 조치가 취해졌다. 나중에 '외국인교육학(Auslaenderpaedagogik)'으로 지칭된 이 조치에는 예비학급, 특별한 언어촉진수업, 숙제보조, 그리고 (출신배경의 언어와 문화를 습득하기 위한) 모국어수업 따위가 속하였다.

독일의 경우를 살펴보면, 언어문제가 핵심적인 관심사가 되었다. 왜냐하면 이주해 들어온 대부분의 아동과 청소년이 독일어에 대한 지식을 갖추고 있지 못했기 때문이다. 이에 비해서 프랑스로 이주해 들어온 상당수의 사람들은 프랑스어를 공식적인 언어와 수업언어로 갖고 있던 과거의 식민지에서 왔기 때문에, 이주해 들어온 일부 아동과 청소년은 이미 프랑스어 지식을 갖추고 있는 상태였다.

어쨌든 동화주의 교육학에 지향을 두었던 이와 같은 사고 및 행위유형은 1980년 초에 들어와 점점 더 비판의 대상이 되었다. 비판의 초점은 첫째, 외국인과 그 가족에 대한 논의가 이른바 '부족(不足)가설(Defizit-Hypothese)'에 의해 결정되었다는 데 놓여 있다. 둘째, 외국인이나 이주자를 고정된 표적집단(target group)으로 삼고, 외국인의 지위 혹은 이주자의 지위를 마치 교육적으로 처리하거나 해결해야 할 문제인 것처럼 간주했다는 데 놓여 있다. 그런데 좀 더 자세히 살펴보면, 외국인에게 특정하다고 간주된 교육문제는 상당 부분 외국인과 별 관계가 없는 것처럼 보이는 다른 주제에서도 역시 다루어야 할 문제라는 점이 지적되었다.

이러한 비판을 배경으로 하여 부족가설과 대조되는 입장으로서 소위 '차이가설(Differenz-Hypothese)'이 제기되었다. 이 가설에 따르면, 이주해 들어온 학생과 그 가족에게는 무엇인가가 결여된 것이 아니라, 오히려 그들이 단지 다르다는 점이 더 중요하다. 다시 말하면 그들은 다른 경험과 능력을 갖추고 있으며, 이것은 대개 다른 문화라고 집약시켜 표현할 수 있다. 이 다른 문화를 존중하고, 교육적 상황에서 심도 있게 고려해야 한다. 중요한 점은 다수집단에 속한 학생에게 다른 문화에 대한 지식과 그 문화에 대한 존중을 전달하는 일이며, 공통점이 있는 곳에서는 그 공통점을 강조해야 한다.

그런데 1980년대를 거치면서 이 차이가설도 역시 점점 더 비판의 대상이 되었다. 주요 비판점은 차이가설에 입각한 접근방안은 결국 배제의 부호(符號)만을 바꾼 것에 불과하다는 데 놓여 있다. 이주해 들어온 아동과 청소년을 문제로 간주하는 대신에, 즉 부정적으로 규정하는 대신에, 이제 그들의 긍정적인 측면을 강조하면서, 우리의 생활을 풍부하게 하는 요소로 내세우고자 한다는 것이다. 이러한 방식으로 개념규정을 바꾸려는 시도는 결코 힘과 권력의 작용에서 벗어난 공간에서 이루어질 수 없다는 점을 간과한다는 것이다.

또한 비록 명시적으로 드러내진 않더라도 특정한 표적집단을 염두에 두면서 주장을 하기 때문에, 결국 '모든' 아동과 청소년을 대상으로 한 교육을 새로운 방식으로 방해한다는 것이다. 이러한 비판과 더불어 독일에서는 명칭의 변화가 있었다. '외국인교육학'이라는 용어 대신에 '간문화교육(interkulturelle Bildung 혹은 Erziehung)'이라는 용어가 점점 더 많이 사용되기 시작하였다. 하지만 간문화교육이라는 말로 정확히 무엇을 이해해야 할 것인가에 대해서는 아직도 논란이 계속되고 있다.

프랑스에서도 이와 유사한 담론을 관찰할 수 있다. 한편으로는 이주해 들어온 학생이 학교에서 학업을 제대로 수행할 수 있도록 여건을 마련해 주는 일이 중요했으며, 다른 한편으로는 모든 아동과 청소년이 언어적·문화적으로 다원화된 사회에서 생활하는 데 도움을 줄 수 있는 교육적 접근방안을 마련하는 일이 중요하였다. 이 맥락에서 특히 간문화교육이 요청되었으며, 여기서 '간문화적(interkulturell)' 혹은 '간문화(Interkultur)'란 용어는 적어도 다음과 같이 두 가지 측면 혹은 구성요소를 함축하고 있다.

첫째, 접두어 'inter-'의 의미 그대로, 이미 언제나 주어진 언어적·문화적 다원성을 인정하면서, '서로 다른 문화 사이의 소통(communication entre cultures différentes)'이 중요하다. 둘째, '사회적 도덕 혹은 공민정신의 문제(questions de morale sociale ou du civisme)'가 타당성을 갖추도록 하는 일이 중요하다. 여러 가지 서로 다른 문화의 평등성에 관한 질문에도 불구하고, 사람들이 살고 있는 나라의 '공공(公共)원칙(principes collectifs officiels)'을 존중해야 하며, 특히 법의 틀 속에서 자유권을 존중하는 일이 중요하다(Porcher and Abdallah-Pretceille, 1998: 174; Krueger-Potratz, 2006: 173 재인용).

교육자의 입장에서 바라볼 때, 격차가 있다고 인지한 문화적 실천을 도대체 언제 인정하고, 규제·조정의 관점에서 언제 개입을 할 것인가를 정해 주는 일반적으로 타당한 규칙을 정식화할 수는 없다. 문화적 다양성을 인정한다고 해서 그것에 대한 비평을 배제하는 것은 아니다. 이와 마찬가지로 각 나라에서 효력을 갖고 있는 법률을 존중하는 일이 중요하다. 물론 여기서도 역시 비평이 배제된 것은 아니다. 그렇지만 비평을 위한 방도와 절차가 정해져 있다.

정치참여의 관점에서 이주자는 우선 이 방도와 절차를 활용할 수 있는 가능성을 얻어야 한다. 그러나 그 다음에는 이 방도와 절차를 준수할 줄도 알아야 한다. 보다 더 근본적인 수준에서 바라볼 때, 모든 문화 그 자체가 '다문화적(multikulturell)' 혹은 '다문화(Multikultur)'라는 점에 유의하면서, 즉 문화의 다의성과 모호성을 염두에 두면서, 특정한 문화적 전통에서 자란 사람은 그 전통에 대해서 긍정적인 관계만을 설정할 뿐만 아니라, 비판적인 관계도 역시 설정할 수 있다는 점을 고려해야 한다(Krueger-Potratz, 2006: 172-174).

(3) 간문화교육에서 패러다임의 전환

최근 간문화교육에 관한 문헌과 담론을 살펴보면, 패러다임의 전환 혹은 관점변경의 필요성이 종종 제기되고 있다. 이 패러다임 전환의 필요성과 관련해서는 특히 다음과 같이 여러 가지 서로 다른 사항이 강조되고 있다.

① 교육과 관련된 여러 가지 다른 활동영역과 간문화적 교육연구에 이주자의 관점을 포함시키는 일이 중요하다. 여기에는 소수집단 혹은 이주자집단의 인적 자원을 활동영역과 연구에 더 많이 편입시켜야 한다는 요청사항도 역시 포함된다.

② 주의를 기울여야 할 대상이 더 이상 이주자 혹은 소수집단을 포함한 사람들에 고착되어서는 안 될 것이라는 요구사항이

제기되고 있다. 다시 말하면, 모든 숙고와 연구, 그리고 구상의 출발점이면서 동시에 목표가 되어야 할 것은 오히려 모든 아동과 청소년이 생활하고 학습하는 정치적·사회적 조건이어야 한다. 이것은 교육기관 혹은 교육시설에 대한 분석(역사적 분석 포함)을 필요로 한다. 이를 통하여 교육기관의 구조, 거기서 전달되는 내용, 거기에 속한 이론 속에 숨겨져 있는 정상성(Normalitaet)의 기술(記述)과 '잠재적 인간학(heimliche Anthropologie)' 혹은 '잠재적 교육과정(hidden curriculum)'을 명료화하고, 이와 더불어 이주배경을 갖고 있는 학생이 학교에서 제대로 자기계발을 할 수 없도록 하는 제도적 차별의 요소를 드러낼 수 있다(Wolf-Almanasreh, 2006).

③ 간문화교육은 이제 학교의 교육적 과제에서 본질적으로 중요한 구성요소이며, 학교를 위한 통합적인 과제로서 인식해야 할 필요성이 제기되고 있다. 이 간문화교육의 틀 속에서 이제 간문화능력(interkulturelle Kompetenz)을 모든 개인이 함양하고 신장시켜야 할 기본적인 교육 및 학습목표로서 간주해야 한다. 간문화교육은 모든 사람들이 참여하는 개발의 과제로서 파악해야 하며, 그것은 또한 유럽교육과 국제교육의 개념과 구상을 포함하고 있다(KMK, 1996; Auernheimer, 2010: 57-60; Broszinsky-Schwabe, 2011: 215-218; Eril and Gymnich, 2010: 6-14).

④ 이와 더불어 모든 변화에도 불구하고 차이를 낳는 다른 요인들, 예를 들면, 성(性), 사회적 지위, 신체적·심리적 건강 따위를 이른바 '교차성(Intersektionalitaet)'의 관점에서 동시에 고려해야 한다. 여기서 교차성의 관점이란 인종·계층·성별·종

교·지역·세대 등의 공동작용에 주의를 기울이고, 그러한 공동작용을 취급하거나 연구한다는 것을 뜻한다(Stuve, 2009: 257-269; 정창화·허영식, 2011: 230). 결국, 상기한 사항을 종합적으로 고려하여 한마디로 요약한다면, 간문화교육은 세계화된 사회에서 요청되는, 그리고 세계화된 사회를 위한 민주주의교육 혹은 민주시민교육으로 인식해야 한다(Krueger-Potratz, 2006: 174).

|2| 사회복지의 행위영역과 실천

(1) 간문화적 사회복지사업의 발생과 변천

간문화적 사회복지사업 하면 사람들은 대개 한편으로는 사회적 약자를 돌보거나 아니면 그대로 방치해서는 안 되는 이러저러한 사회문제를 다루거나 처리해야 하는 측면을 연상한다. 이에 해당하는 보기로는 교외빈민가, 지하철역의 노숙자, 무너져가는 가옥, 우범지역, 소외지역 등을 들 수 있다. 다른 한편으로는 대화와 상호이해, 볼거리를 제공하는 거리축제, 민속적인 소재나 도구(전통음식, 음악 따위)를 갖고 마련된 행사나 축제 등을 연상한다.

그러한 기대를 품고 있는 사람은 간문화적 변동과 만남에서 가능하면 희망적인 측면을 강조할 것이다. 하지만 그 반대로 보다 더 복합적인 현실과의 간문화적 대결이나 충돌을 예상할 수도 있다. 어쨌든 이러한 복합성은 간문화적 사회복지사업의 대상이 자기가 살고 있는 나라의 상태만 고려해서는 안 되는 상황을 만들기 때문에 더 증가하는 경향이 있다. 유럽연합과 세계화된 사회의 심화가 진행되고 있는 이 시대에 있어서 단순한 병렬적 비교로는 충분하지 않은 것이다(Kordes and Polat, 2006: 202).

오히려 더 필요한 일은 여러 다른 국가에서 작용하고 있는 사회복지문화 사이의 만남과 대결, 그리고 다수집단에 속하는 정주민과 소수집단에 속하는 이주자 사이의 상호작용에 주의를 기울이는 데 놓여 있다. 왜냐하면 각국의 사회복지사업이 보다 더 체계적으로 다른 나라와 교류를 한다면, 보다 더 용이하게 문제점을 진단하고 적절한 개선방안을 마련할 수 있을 것이라고 추측할 수 있기 때문이다. 이 맥락에서 여기서는 예시적 차원에서 프랑스와 독일의 간문화적 사회복지와 관련하여, 서로 다른 또는 부분적으로 상반되는 전개양상과 특징에 대하여 개관하고자 한다.

사회복지사업은 처음부터 간문화성과 밀접한 관련이 있었다. 부분적으로 상당히 전문화된 사회복지사업은 이미 19세기말경 더 이상 일반적으로 빈민구호에 국한되지 않고 특별히 노동이주자를 상대하게 되었다. 이들은 농장과 농업지대를 떠나 19세기 초부터 새로운 공업중심지에서 일자리를 구하게 되었다. 이농현상에 따라 한 나라 내에서 이주한 사람들의 일부가 이미 살기 어려운 상황에 처하곤 했지만, 반세기 뒤에 이웃나라에서 들어온 국제적 이주는 더 많은 문제를 야기하였다.

하지만 국민국가는 대개 정주민과 이주민의 언어적·문화적 통일화를 추구하는 정책, 즉 동화정책에 의존하였다. 유대인대학살(Holocaust)과 탈식민주의를 거치면서 비로소 국민국가는 이제 유럽 바깥에서 들어오는 이주집단에 대해서 고전적인 동화정책을 포기하게 되었으며, 인권운동의 결과로서 적어도 다문화적(multikulturell) 사회통합전략이나 초문화적(transkulturell) 사회통합전략을 시험해

보게 되었다. 이런 맥락에서 이제 본격적으로 좁은 의미에서 간문화적(interkulturell) 사회복지사업이 전개되기 시작하였다.

간문화적 사회복지사업의 발생과 관련하여 출발점은 서구 대도시에서 국민경제를 구축하면서 노동자에 대한 수요가 증가한 데에서 찾을 수 있다. 프랑스의 경우, 주로 아프리카 및 아시아에 소재한 과거 식민지에서, 독일의 경우, 주로 전시에 동맹관계를 형성했던 나라(이탈리아, 스페인, 포르투갈, 터키)에서 노동자를 모집하기 시작했다. 처음에 유럽에서는 대개 국민경제의 생산체제 속으로 외국의 노동인력을 끼워 넣는 일(insertion, Einfuegung)에 주된 관심이 있었다. 이 시기에 사회복지사업은 이주자(Eingewanderte, 프랑스)나 외국인노동자(Gastarbeiter, 독일)가 노동과정 및 노동기구에 적응·순응하는 데 있어서 협력하고, 특히 장애요인이나 역기능이 발생할 경우 대응해야 할 과제를 안고 있었다.

오일위기(1973)를 계기로 하여 노동자모집이 중단된 다음부터는 이미 국내에서 일하고 있는 이주자가 자신의 가족구성원을 불러들여 가족재결합이 이루어질 수 있도록 허가해 주기 시작하였다. 그에 따라 예상된 일이지만, 주택시장에서 그리고 나중에 들어온 배우자 및 아동의 사회화과정에서 문제가 발생하게 되었다.

이런 상황에서 프랑스는 기존의 이주정책과는 대조적으로 이주해 들어온 노동자에게 동화를 거부하는 경향을 보였으며, 식민지에서 벗어나 독립하게 된 나라의 구성원으로서 자긍심을 갖게 된 이주노동자는 그들 나름대로 프랑스화(즉, 프랑스국민으로의 동화)를 거부하는 경향을 보였다. 이러한 이중부정을 통하여 이제 모호한 이중정책이 등장하였다. 즉, 한편으로는 프랑스라고 하는 생산공동체 안으로 끼워 넣는 정책이 추진되었으며, 다른 한편으로는 아프리카·아시아에 소재한 원래의 생활공동체로 복귀할 수 있도록 언어적·문화적 측면에서 대비하도록 하는 정책이 실시되었다. 이런 맥락에서 사회복지사업의 과제는 '양문화적 실행(bikulturelle Aktion)'의 틀 속에서 생각하고 행위를 하는 데 놓여 있었다.

이에 비해서 독일은 아직 노동인력에 대한 관리행정에서 다양한 문화를 다루는 정책으로의 이행(移行)과정에 동참하지 않았다. 독일은 그 이전 외국인노동자정책의 틀 속에서 내재적으로 반응을 하였다. 이 당시 외국인사회복지사업(Auslaendersozialarbeit)의 주된 과제는 주류사회에 대한 적응 및 근대화의 요구사항에 비추어 볼 때 등장하는 부족·결함을 제거하는 데 도움을 주는 것이었다.

이주자 대상 사회복지사업의 다음 국면은 유럽사회와 새로운 사회구성원 사이의 사회문화적 관계가 첨예하게 대립한 현상과 밀접한 관련이 있다. 철강·석탄·섬유와 같은 산업부문을 위해 원래 노동이주자를 모집했었는데, 이러한 산업부문이 점점 더 붕괴하거나 몰락하는 경향을 보였다. 이와 동시에 도시, 교외지역, 외국인 거주지역에서 소요사태가 증가하였다.

이런 사회적 배경에서 프랑스에서는 외국인 혹은 이주민단체가 평등, 수렴, 그리고 차이에 대한 권리를 주장하면서 이념적·상징적 운동을 전개시켜 나갔다. 이와 동시에 유럽연합 수준에서는 유럽이사회의 지원을 받으면서 여러 사회복지사업과 학교교육의 제도·기관이 이른바 '간문화적 선택(interkulturelle Option)'(Porcher, 1979; Porcher, 1986)을 도입하고 시험해보았다. 이 개념은 처음에는 이주자의 모국어와 출신문화에 대한 제도적 고려를 통하여 그들의 자존감을 강화시키기 위한 조치를 통칭하는 용어로 사용되었지만, 이번에는 출신국가로의 복귀(귀환)를 준비시키기 위한 것이 아니라, 오히려 그 반대로 프랑스에서의 정주를 준비시키는 용어로 사용되었다.

이 당시 독일에서는 이중전략을 활용하였다. 한편으로는 사회적 약자를 위한 프로그램의 틀 속에서 다문화적 사회복지사업을 전개시켜 나갔으며, 다른 한편으로는 (대학에서 제도화된) 간문화적 사회복지학의 틀 속에서 간문화능력(interkulturelle Kompetenz)의 개발을 위한 조치를 취하게 되었다(Zacharaki, 2009; Eppenstein, 2009). 공감·관용·개방성·협력·갈등해소능력·자기성찰의 습득을 목표로 한 이 조치는 특히 관청과 학교를 포함하여 주류사회 구성원의 다수도 역시 대상으로 삼았다(Kordes and Polat, 2006: 203-205; Zacharaki et al., 2009: 9-13; Krummacher, 2009: 57-72; Leenen et al., 2010: 109-113).

(2) 배제철폐와 인종차별철폐

1989－1990년 동구 사회주의권이 무너진 다음의 국면을 살펴보면, 프랑스와 독일 양국에서 공히 그동안 가난한 하층계층에 속하는 노동자 중에서 이주자의 자녀가 차지하는 비중이 상당히 증가하였다. 이런 사회적 배경에서 프랑스에서는 '배제철폐(Anti-Exklusion)'로 집약할 수 있는 조치를 많이 취했으며, 독일에서는 '인종차별철폐(Anti-Rassismus)'에 지향을 둔 조치를 강구하였다.

프랑스는 그 이전의 '분화주의적 오류'를 철회하고, 보편주의적인 공화국이 처한 도전에 대처하려는 시도를 보였다. 보편주의적인 공화국에 심각한 도전을 가한 사회세력으로는 한편으로는 '프랑스가 우선(préférence française)'이라는 기치 아래 민족주의 입장을 취한 국민전선당(Front National)과, 다른 한편으로는 출신문화의 민족적·종교적 공동체를 부활시키고자 시도한 이주자집단을 들 수 있다. 이에 대처하기 위한 배제철폐조치에는 소위 '민감한 구역(zones sensibles)'에 대한 특별지원대책이 포함된다. 사회적 고립지구(ghetto)로의 퇴행현상을 보이는 '긴급우선구역(ZUP: zones d'urgence prioritaire)'에 대하여 도시구역쇄신, 주택재개발, 간문화적 활성화 조치를 취했으며, '교육우선구역(ZEP: zones d'éducation prioritaire)'에 해당하는 학교에 대하여 특별지원대책을 강구하였다. 하지만 2005년 프랑스 여러 곳에서 발생한 심각한 소요사태로 인하여 그러한 조치의 성공여부에 대하여 의문이 제기되기도 하였다(허영식·정창화, 2012a: 86-92).

이 당시 동서독 통일을 거친 독일에서는 극우주의가 다시 고개를 들었으며, 이주자와 망명신청자에 대한 극우집단의 박해가 여러 곳에서 발생하였다. 이런 상황에서 특히 인종차별철폐에 중점을 둔 간문화적 사회복지사업이 추진되었다. 이때 사업의 중요한 과제는 한편으로 차별철폐에 지향을 둔 운동과 다른 한편으로 극우갱단(gangs)과 다민족도당(cliques)의 생활세계를 일단 수용하는 입장에서 출발하는 접근방안 사이에서 적절하게 균형을 잡는 일이었다(Kordes and Polat, 2006: 205-206).

(3) 간문화적 개방의 역설

기존의 정주민과 새로운 사회구성원(혹은 그들의 전문적인 대표자) 사이에서 '간문화적 개방(interkulturelle Oeffnung)' 혹은 더 나아가서 동등한 권리를 요구하는 것은 역설적인 측면을 보여주고 있다

(Kulbach, 2009: 133-134; Leenen et al., 2010: 113-117). 동등한 권리와 차이·차별 그 자체가 사회복지사업의 대상이며 동시에 가능한 협상의 대상이라는 점에 대해서는 일단 논란의 여지가 별로 없는 것처럼 보인다. 하지만 인간이 어쩔 수 없이 형성의 과정 또는 교육의 과정을 거친다는 점을 감안한다면, 즉 계속적으로 움직이고 변화한다는 점을 고려한다면, 도대체 누가 어떻게 그리고 어떤 기준을 갖고 그 변화의 생산성이나 진보성을 결정할 것인가 하는 어려운 문제가 제기된다.

이러한 근본적인 문제점에도 불구하고 어쨌든 간문화적 개방을 지향한 선택은 형식적 측면에서 가능성이나 기회의 증가를 가져올 것이라고 기술할 수 있으며, 내용적 측면에서 장래세대와 새로운 사회구성원에게 삶의 질을 제고할 것이라고 기술할 수 있다. 이와 같은 역설을 염두에 두면서 이제 독일의 간문화적 사회복지사업에 주의를 기울여 보면, '간문화적 개방'이라는 개념 자체가 이미 그동안의 간문화적 만남에서 이주자의 참여가 제대로 이루어지지 못했다는 점을 반증한다고 해석할 수 있다. 즉, 한편으로 사실적인 간문화적 폐쇄·배제와 다른 한편으로 이와 동시에 제기되는 간문화적 개방에 대한 바람 사이에는 역설적인 관계가 존재한다고 볼 수 있다.

적어도 이주자의 인지에 따르면, 사회복지사업과 사회복지학 분야에서는 주류사회에 의한 일방적이고 차별적인 힘이 작용했다고 진단할 수 있다. 그런데 주류사회가 이주자의 귀속과 위상에 대하여 전권위임을 행사하는 것은 이주자가 간문화적 사회복지사업이 수행하는 해석과 개입의 단순한 고객·수신자·객체로 남아있는 한에서 기능을 할 수 있다. 이때 물론 이주자는 문제가 되는 그들의 행동방식(보기: 언어구사능력의 부족, 전통적인 가부장제, 가정폭력, 범죄 등)과 문제해결방안에 관한 담론에 제대로 참여하지 못한 상태로 남아있을 것이다.

적어도 프랑스와 독일의 경우, 그동안 여성운동과 환경운동의 분야에서는 당사자가 그들에 대한 공공적 담론에 능동적으로 참여하는 현상이 자명한 것처럼 보이는데, 이주자를 위한 간문화적 사회복지사업 및 사회복지학 분야에서 그것은 앞으로 쟁취해야 할 과제, 즉 아직 열려 있는 과제로 남아있는 것이다. 여기에 더하여 간문화적 개방에 대한 선택은 특히 2001년 9·11 국제테러사건이 발생한 이후 또 다른 도전에 직면해 있다. 프랑스와 독일을 포함하여 유럽연합 수준에서 그동안의 사정이 상당히 바뀌어, 이제 복고적인 안보·예방조치에 우선권이 부여되고 있다.

그러한 조치를 통하여 유럽국가들은 이주자 사이에 존재하는 반세속적·반서구적·반유대적 운동세력에 대하여 그들 자신의 '공화국적'(프랑스), '주도문화적(leitkulturell)'(독일) 혹은 '자유민주적' 기본질서를 보호하고자 하며, 이와 동시에 망명신청자·난민·불법체류자가 밀려들어오는 현상에 대하여 방어하고자 애를 쓰고 있다. 바로 이런 맥락에서 간문화적 사회복지사업은 과거에 비해 훨씬 더 많이 경찰 및 법원과 협력하면서 업무를 공유하기 시작하고 있다. 여기서 우리는 다시금 위에서 언급한 바 있는 '간체제(Intersystem)' 혹은 '간문화적 사이공간체제'의 현상을 확인할 수 있다.

이제 간문화적 사회복지사업의 시야는 더 이상 사회적 포함(Inklusion)을 위한 조치에 국한되어 있지 않다. 즉, 사회적 약자(이주자 및 그 자녀, 난민, 망명자, 불법체류자)를 위한 진흥조치, 기존 정주민 혹은 시민 중에서 이른바 '세계화의 실패자'에 속하는 젊은이가 품고 있거나 표출하는 인종차별적 반감이나 증오에 대한 취급, 현실적으로 존재하는 평행사회(Parallelgesellllschaft)와 사회적 고립지구(ghetto)를 다원적 자유민주사회의 주류로 통합시켜야 한다는 과제에 국한되어 있지 않다.

여기에 더하여 이제는 '배제행정(Exklusionsverwaltung)'이라는 과제가 점점 더 많이 사회복지사업의 일상적인 현실 안으로 들어와 작용하고 있다. 그것의 작용범위는, 난민의 경우, 이미 출신국가에 설립된 수용소에서 시작하여 수용국가에 설치된 수용소에까지 미치고 있다. 이와 같은 배제행정의 관점은 이주자의 제2세대, 제3세대를 바라보는 시각에도 영향을 주고 있다. 즉, 사회적 고립지구에 사로잡혀 있거나 평행사회에 고립되어 성장한 이주자의 후세대는 평균 이상으로 폭력·범죄에 빠질 수 있는 성향을 갖고 있으며, 심지어 자기희생을 통하여 '도시 안에서의 전쟁'을 꾸밀 수도 있다는 우려가 작용하고 있다. 그런데 유감스럽게도 유럽의 여러 나라에서 이러한 해석이 적지 않은 사람들의 지지를 얻고 있다.

이와 같은 맥락에서 그동안 오랫동안 잠재적으로 남아있던 간문화적 차원이 이제 여론·담론·정책의 수면 위로 올라오고 있다. 이것은 '인정을 위한 투쟁'과 소통의 비교적 부드러운 측면과 더불어 사회적 배제와 양극화의 냉정한 측면도 역시 포괄하고 있다. 그렇지만 이와 같은 간문화적 문제점은 나라마다 서로 다르게 인지되고 처리되고 있다. 그래서 간문화적 문제의 부드러운 측면과 냉정한 측면 사이에서 각국에서 간문화적 개방의 역설이 서로 다른 양상을 띠게 된다.

프랑스정부가 최근 다시 새롭게 보여주고 있는 '프랑스화정책(Franzoesierungspolitik)', 즉 이주자의 자녀에게 주저 없이 프랑스

시민권(citoyenneté)을 부과하려는 정책은 이주자 중에서 그러한 정부의 제안을 명시적으로 거부하고, 오히려 그 반대로 그들의 특수한 민족적·종교적 공동체의 구축과 확장을 요구하는 집단에 부딪히고 있다. 이것은 1970년대 이래 부분적으로 있어왔으며, 특히 21세기 초에 접어들어 그러한 현상이 더 두드러지게 나타나고 있다. 그리고 이러한 상태는 다시금 민족주의 성향을 띤 우파운동의 부상을 위한 변증법적 토양을 제공하고 있다.

위에서 언급한 바와 마찬가지로, 독일에서는 외국인의 생활세계를 일단 받아주는 사회복지정책을 추진하고 있으며, 외국출신의 시민에게 획득한 지위에 따라 사회·경제적 권리를 부여하고 인정해 주고 있다. 하지만 이 시민의 후속세대 중에는 스스로 외국인도 아니고 독일인도 아니라고 느끼는 젊은이가 있으며, 법적으로 하나의 국적을 선택해야 하는 상황에서 자존심과 노동의 가능성 측면에서 부담을 느끼는 청년이 있다. 이와 같이 부정(否定)을 통한 독일과의 모호한 양면가치적 동일시는 다시금 다수사회를 소원하게 만들고 있다. 여기서도 역시 법적인 동등대우에 대한 요구가 사실적인 민족적·사회적 배제와 모순관계에 놓여 있다.

이에 따라 유럽의 국민국가에서는 그동안 나라별로 조성된 사회통합모형이 이러저러한 방식으로 도전을 받고 있다. 프랑스의 경우, 이슬람교를 신봉하는 시민의 요구에 비추어 볼 때, '프랑스식 사회통합(intégration à la française)'과 더불어 엄격한 세속주의(정교분리주의) 원칙이 문제가 되고 있다. 여기서 교회와 각각의 민족적 공동체기구가 사회적 배제에 대한 투쟁에서 수행할 수 있는 역할도 역시 논란의 대상이 되고 있다. 독일의 경우, 외국, 특히 터키출신 사회구성원의 요구사항을 고려하여, 국적에 대한 민족적·

주도문화적 개념이 문제가 되고 있으며, 이와 더불어 사회통합에서 시민권이 수행할 수 있는 역할이 문제가 되고 있다(Kordes and Polat, 2006: 206-209; 허영식·정창화, 2012a: 76-81).

|3| 경제의 행위영역과 실천

(1) 간문화관리를 위한 학습모형

여기서는 프랑스와 독일의 협력기업(이하 '독불협력기업')에 대한 연구사례(Pateau, 2006)를 중심으로 하여, 간문화관리(interkulturelles Management)에 대한 최근의 동향과 추세를 살펴보고자 한다. 여기서 소개하는 연구사례는 최근 여러 산업부문(항공기술, 철강산업, 자동차부품조달, 원격통신기술)에서 적용되고 있는 학습모형의 개발과 관련된 것이다. 이 연구사례는 독불협력기업에서 문화적인 조건에 의해 발생한 오해와 문제점에 대한 주요원인을 확인하고, 협력관계를 개선하기 위한 보조수단을 제공하려는 목표를 갖고, 보쉬재단(Bosch-Stiftung)의 지원을 받아 1989－1992년에 수행되었던 연구과제에 이어 수행되고 있는 후속연구라고 볼 수 있다.

그동안 수천 명에 달하는 양국의 직원이 2－3일에 걸쳐 진행되는 세미나에 참여했다고 한다. 강사진은 3개국 언어를 구사할 수 있는 프랑스와 독일의 강사로 구성되어 있으며, 그렇게 함으로써 참여자가 영어로 서로 이해하는 데 어려움이 있을 경우 언제든지 모국어를 활용할 수 있다. 여기서 문제가 되고 있는 학습모형의 적용을 통하여 공동의 학습문화를 형성하는 데 기여했다고 한다. 이러한 학습모형의 적용을 통하여 연구진은 간문화관리가 결코 일시적인 유행현상이 아니라, 타자의 체제를 더 잘 이해하기 위한 효과적인 보조수단임을 보여주고자 한다(Pateau, 2006: 240).

여기서 소개하고자 하는 간문화관리 학습모형의 방법과 절차를 좀 더 구체적으로 기술하면 다음과 같다(Pateau, 2006: 241 재구성).

표 4-1 간문화관리 학습모형의 방법과 절차

① 해당하는 각 기업에서 감사를 실시한다. 이것이 필요한 이유는 간문화적 협력관계가 종종 수반하는 각종 오해·곤란·긴장·갈등 따위를 명료화해야 하기 때문이다.
② 참여자와 함께 그들 자신의 인지와 행동방식을 관찰하거나 조사한다.
③ 긴장관계가 해소되고 협력이 잘 이루어지는 작업분위기의 경험을 세미나를 통하여 참여자에게 전달해 준다. 이때 물론 민감한 주제도 다루어질 수 있다. 이 모든 정보와 새로운 관점은 간문화적 문제점을 보다 더 합리적으로 다루고, 다른 문화 출신의 동반자에 대한 관계의 질과 관련하여 감수성을 제고시키는 데 도움을 준다.
④ 마지막으로 기업에 대한 공동의 소속감이 발생한다.

상기 학습모형에 함축된 새로운 시각은, 이와 관련하여 여러 기업에서 수행된 경험적 연구에 비추어 볼 때, 다른 독불협력기업에서 관찰된 유사한 상황의 보기에 기반을 두고 있으며, 또한 역사적·사회문화적 원인과 연관시켜 수행된 프랑스와 독일의 차이에 대한 분석에 기반을 두고 있다. 이러한 방식을 통하여 참여자의 개인적인 경험이 다른 사람들에게 더 잘 이해될 것으로 기대할 수 있다. 더 나아가서 참여자에게 해당기업의 모든 직원에게 전달할 수 있도록 구체적인 제안을 모색하거나 작성하도록 촉구할 수 있다. 그렇게 함으로써 이러한 종류의 조치가 결국 해당기업의 가장 높은 의사결정수준에서 시작될 수 있도록 해야 한다.

양국협력기업의 직원으로 구성된 팀(binationales Team)이 현장에서 원활한 협력관계를 조성하기 위해서는, 그리고 공동으로 새로운 접근방안을 개발하기 위해서는, 우선 대립은 어쩔 수 없다는 생각과 서로 양립할 수 없는 체제의 단순한 비교에서 벗어나지 않으면 안 된다. 무엇이 문제가 되고 있는 것인가를 이해하게 되면, 양국협력기업의 팀은, 다른 편에 의해 지배를 받을지도 모른다는 우려를 하지 않으면서, 특정한 상황에서 프랑스의 방법이나 아니면 독일의 방법을 선택할 준비를 갖추게 된다. 이 공동의 학습문화는 '혁신적 혼합(mixité innovante)'의 개념으로 연결될 수 있으며, 이것은 각국의 준거에 고착되지 않고 필요한 경우 거기서 벗어나 창의력을 발휘할 수 있다는 의미를 함축하고 있다.

이 맥락에서 간문화적 역학(力學)을 구체적으로 보여주는 몇 가지 사례를 소개하면 다음과 같다(Pateau, 2006: 243).

••• 표 4-2 간문화적 역학의 사례

① 양국문화의 특수성을 보다 더 많이 고려하는 새로운 만남양식의 개발 (새로운 기업문화에의 기여)
② 간문화적 문제에 대한 직원의 감수성을 제고하기 위하여 사내잡지에 양국언어로 된 기사의 수를 늘려 발행
③ 6개월 이상 다른 나라에서 시간을 보낸 직원을 위하여 상호 경험교환을 위한 세미나 마련
④ 신입사원을 위한 간문화훈련
⑤ 양국 직원교류를 포함하여 보다 더 정합성을 갖춘 교류체제 개발
⑥ 처음부터 간문화적 접근방식을 포함한 기업프로젝트의 개시

상기한 여러 가지 조치는 새로운 인적 자원을 위한 기초가 된다. 그리고 세미나에서 나온 제안을 실제로 이행하기 위해서는 기

업의 가장 높은 수준과 상호이해에 도달하지 않으면 안 된다. 간문화적 훈련의 정합성을 보장한다는 것은 다름 아니라 그것의 상징적·전략적 차원을 충분히 고려한다는 것을 의미한다.

(2) 간문화관리와 공동의 기업문화

간문화관리 차원에서 그동안 팀의 개발과 관련된 다년간 경험에 비추어 볼 때, 모든 조치는 다음에 열거하는 바와 같이 일정한 특징을 보여주어야 한다는 귀결을 도출할 수 있다(Pateau, 2006: 245-246).

1) 문화적 차이에 대한 감수성 제고(문화적 감수성)

우리가 부자연스러운 것이라고 인지하는 것은 언제나 우리 자신의 문화와 결부된 규범과의 관계 속에서 규정된다는 것, 그리고 우리의 무지는 우선적으로 우리 자신의 문화적 반사작용에 해당한다는 것을 파악하는 일이 중요하다. 이와 같은 자민족중심적인 시각을 극복하기 위해서는 우선 우리의 준거체제가 언제나 일반적으로 타당한 것은 아니라는 점을 이해하지 않으면 안 된다. 보편주의는 물론 모든 문화를 포용하려고 하지만, 그렇다고 하여 결코 우리 모두의 성향을 동일한 정도로 정해주지 않는다. 예를 들어, 프랑스인은 그들이 긍지를 느끼고 있는 모형의 가치를 상대화하려는 자세가 다른 국민에 비해 좀 부족한 경향이 있다. 하지만 그러한 태도는 다른 가능한 방도를 고려할 때 어느 정도 단견(短見)으로 흐를 수 있다.

2) 다른 문화에 대한 지식의 전달(문화적 지식)

차이에 대한 감수성, 그리고 우리 자신의 가치체제를 상대화하려는 능력과 자세는 필요한 전제조건이다. 하지만 이것으로는 충분하지 않다. 문화적 차이의 근원과 더불어 그것이 양국협력기업 혹은 다국적기업에서 지배적인 행동방식에 대하여 수반하는 결과를 이해하는 일은 간문화학습(interkulturelles Lernen)의 주요사안으로 남아있다. 통합팀(integriertes Team)에서 서로 다른 국적을 가진 행위자들 사이의 상호접근을 가능케 하는 지적·정서적 기제를 활성화하기 위해서는 간문화학습을 거쳐야 한다.

3) 간문화성과 그 효과적인 실행(이행)

차이에 대한 감수성과 이 차이에 대한 심도 있는 이해가 구체적으로 경험할 수 있는 결과에 도달하기 위해서는 기업의 조직 내에서 효과적인 '혁신적 혼합(mixité innovante)'을 통해야 한다. 이를 위한 전제조건은 최고위경영진이 확고한 의지를 갖고 팀을 국제화하고, 그때그때의 담당영역을 정확하게 규정하고, 국제협력에 개방적인 기업의 전략과 자신의 개인적 전략을 양립가능하게 할 수 있는 행위자에게 핵심보직을 맡기는 것이다.

4) 협력의 역학

간문화성과 관련하여 고립된 훈련상황에서 벗어나와 전략적인 숙고에 능동적으로 참여할 수 있기 위해서는 협력의 역학에 관한 능력이 요청된다. 특히 경영진 혹은 관리자에게 설득력 있게 말할 수 있는 간문화관리 교육자가 간문화적 협력의 이상적인 '부조종사'라고 볼 수 있다.

5) 간문화훈련팀

상기한 사항에 기초할 때, 이상적인 훈련팀의 능력은, 여기서 보기로 든 프랑스와 독일의 맥락에 비추어 볼 때, 다음과 같이 몇 가지 측면으로 분화시켜 기술할 수 있다.

••• 표 4-3 간문화훈련팀의 능력

① 독일어와 프랑스어를 완벽하게 구사할 수 있는 능력
② 충분한 영어지식
③ 사회심리학 분야에 대한 풍부한 지식과 기능
④ 양국의 문화, 그리고 기업 및 기업환경에 대한 풍부한 지식 (인류학, 역사, 사회학, 경영·관리, 의사소통)
⑤ 사회학과 조직학 분야에 대한 풍부한 지식 (조직학습, 제한된 합리성, 기업의 전통과 역사)
⑥ 신속하게 맥락에 적절한 사고와 행위를 할 수 있는 능력 (맥락화능력)

간문화훈련 및 간문화상담과 관련한 과제는 서로 다른 두 체제(여기서는 프랑스와 독일의 기업)를 조화시키고, 팀의 통합을 준비하고, 독일과 프랑스의 협력사업을 개선하는 데 놓여 있다. 그런데 양국 협력관계에서 두 나라의 직원이 서로 만나게 될 경우, 간문화적 소통의 두 가지 특징적인 오류가 자꾸 등장하게 되는 경향이 있다.

그 하나의 오류는 문화적 차이를 너무 쉽게 부인하는 것이며, 또 하나의 다른 오류는 비록 문화적 차이를 일단 인정·수락·내면화하고 있지만, 이것을 지나치게 고정된 것으로 혹은 움직일 수 없는 형상으로 관찰하려는 경향이다. 이것은 맹목적인 결정주의로 나아갈 위험성을 안고 있으며, 만약 그럴 경우 독불협력사업을 촉진시키는 대신에 오히려 마비시키게 된다.

이와 같은 오류에 빠지지 않기 위해서는 올바른 행위를 위한 모형을 문화적 관성(慣性)에서 바로 도출하지 않도록 유의해야 한다. 문화적 관성의 원칙을 그대로 방치할 경우, 인간을 마치 문화의 로봇인 것처럼 간주하는 결정주의적 관점으로 흐를 수가 있다. 따라서 인간의 지적인 행위의 원칙을 동시에 고려하면서, 인간의 자유, 혹은 조직사회학에서 부르는 바와 같이, '행위자의 전략'을 시야에서 놓쳐서는 안 된다. 여기서 예시하고 있는 독불협력기업에 비추어 볼 때, 두 나라의 직원은 각국의 사회·문화적 체제의 단순한 산출물이 아니라, 자유로운 행위자라는 점을 계속해서 상기해야 한다. 다시 말하면, 여기서 행위자는 양국문화의 다양성을 이용하면서 서로 다른 강제 상황 혹은 어쩔 수 없는 상황에 적응할 수 있으며, 이 문화적 다양성을 더 이상 장애물로만 인지하는 것이 아니라, 서로에게 이득을 가져올 수 있도록 새로운 자원으로서 적절하게 활용할 수 있는 것이다(Pateau, 2006: 247-248; Gaitanides, 2010: 153-169; Kessler, 2005: 15-26; Kor, 2005: 129-135).

이 장의 핵심내용을 전체적으로 요약하는 차원에서, 이상에서 논의한 사항을 주제어를 중심으로 간단히 도식화하여 제시하면 다음과 같다.

••• 그림 4-1 간체제의 관점에서 바라본 간문화적 행위영역

<table>
<tr><td colspan="3">간체제(간문화적 사이공간체제):
– 대인관계에서 출발하여 국제관계에까지 미치는 상호작용
– 세계화 · 세방화와 연결</td></tr>
<tr><td>행위영역: 교육</td><td>행위영역: 사회복지</td><td>행위영역: 경제</td></tr>
<tr><td>간문화적 변동의 측면:
간문화적 관점변경</td><td>간문화적 변동의 측면:
간문화적 개방</td><td>간문화적 변동의 측면:
간문화관리</td></tr>
<tr><td colspan="3">행위영역의 공통목표: 간문화능력
⇧
간문화교육 · 학습 · 훈련</td></tr>
</table>

이상에서 살펴본 세 가지 행위영역 및 실천에 비추어 볼 때, 간문화적 학문과 실천적 개입은 한편으로 상당 부분 기존의 체제와 현상(現狀, status quo)에 대하여 비평적·건설적 관점에서 문제를 제기하고 있다는 점을 확인할 수 있다. 하지만 다른 한편으로 간문화적 질문을 다루는 담론과 실천이 이제까지 개방적인 사이공간에서 별로 이루어지지 못하고, 특정한 행위영역의 내재적 공간에 머물고 있다는 진단을 내릴 수 있다.

예를 들어, 학교에서는 학교의 질문이, 사회복지사업에서는 사회복지사업과 관련된 질문이, 그리고 국제경제에서는 관리의 질문이 지배적으로 작용하고, 다른 행위영역에 대해서 상호 인지하지 않으려는 경향이 여전히 남아있다. 물론 이러한 경향 자체를 근본적 수준에서 문제시할 필요는 없다. 왜냐하면 각 행위를 사회 전체의 부분체제에 병렬시키는 것이 근대의 중요한 특징 중의 하나이기 때문이다. 예를 들어, 교육체제에서는 졸업의 성공 여부, 언어교육의 성공 여부에 의거하여 생활 및 노동기회의 배분에 대한 결정이 이루어진다. 사회복지체제에서는 포함과 배제의 구분을 통

하여 사회보장의 확보 여부가 정해진다. 경제체제에서는 재화와 용역의 가격을 지불할 수 있는가의 여부에 의거하여 필요와 욕구의 충족이 조절된다(Kordes and Mueller, 2006: 163-167).

그럼에도 불구하고 여기서 중점적으로 다룬 모든 행위영역에서 관찰할 수 있는 경향과 추세에 주의를 기울인다면, 각 행위영역이 직면하고 있는 간문화적 도전과 여기서 도출해야 할 개혁의 필요성에 대하여 어떤 공통분모를 설정할 수 있다. 이와 관련된 사항을 이 장에서 중점적으로 다룬 세 가지 행위영역별로 간단히 정리하면 다음과 같다.

① 교육의 행위영역과 실천: 간문화적 관점변경

우선 교육의 행위영역과 실천에 대해 살펴보면, 간문화적 관점변경의 필요성에 대한 주장이 제기되고 있다. 이 간문화적 관점변경은 교육정책, 교사교육과 연수, 학교에서의 일상실천 등 모든 수준에 해당되는 사항이다. 학교는 더 이상 민족적 소수집단을 단일문화로 파악된 교육체제로 통합시킬 수 없다. 오히려 생소함과 문화적 차이 및 상이성을 적절하게 취급할 수 있는 능력, 즉 간문화능력을 갖추는 일이 학습자와 교사 모두를 위해 우선적인 과제가 되고 있다(Kordes and Mueller, 2006: 168; Bender-Szymanski, 2010: 206-298; Lanfranchi, 2010: 233-235). 특히 프랑스와 독일의 사례를 살펴볼 때, 기존의 동화주의적 교육정책에서 벗어나 이제 문화적 이질성에서 출발하는 교육정책으로의 관점변경이 점차 이루어지고 있다. 하지만 다른 한편으로 문화적 측면을 지나치게 강조하면서 사회구조적 측면을 간과하거나 소홀히 다룰 수 있는 위험성을 안고 있는 소박한 문화주의(naiver Kulturalismus)로 흐르지 말아야 한다는 주의사항을 지적해야 한다.

② **사회복지의 행위영역과 실천: 간문화적 개방**

사회복지의 영역은 여러 가지 면에서 역사적·내용적으로 간문화적 변동과 연결되어 있다. 사회복지의 역사를 다루기 위해서는 노동이주를 거론하지 않을 수 없으며, 또한 이러저러한 경제적·정치적 강제요인으로 인하여 사람들이 처한 생활여건에서 어쩔 수 없이 발생한 문화적 변혁의 여러 가지 형태를 거론하지 않을 수 없다. 그리고 특히 그러한 문화적 변혁에 비추어 볼 때, 사회문제의 취급은 또한 개인적·집단적 생활에서 발생하는 문화적 전환과 단절을 어떻게 다룰 것인가 하는 질문과 연결되어 있다(Kordes and Mueller, 2006: 168-169). 이와 관련하여 간문화적 개방이 요청되고 있지만, 한편으로 포함(포용)을 지향한 사회복지사업과 다른 한편으로 배제행정 사이의 역설적인 관계에도 주의를 기울여야 한다. 다시 말하면, 사실적인 간문화적 폐쇄·배제와 간문화적 개방에 대한 바람 사이에는 역설적인 관계가 존재하며, 이것은 또한 시대적·사회적 상황에 따라 변화되기도 한다.

③ **경제의 행위영역과 실천: 간문화관리**

다른 조직을 포함해서 특히 경제적 조직의 관리는 국가와 문화의 경계를 넘어서서 협력을 할 경우 만나게 되는 여러 가지 도전을 고려해야 한다. 이 맥락에서 21세기의 중요한 도전 중의 하나로서 간문화관리는 전략적 수준에서뿐만 아니라 기업경영의 일상적인 과정을 조직하는 데 있어서도 역시 핵심적인 문제로 부상하고 있다. 특히 기업경영의 일상적인 과정을 조직하는 데 있어서 간문화관리의 관점에서 더 많은 연구가 필요하다는 진단이 제기되고 있다(Kordes and Mueller, 2006: 169; Merkens, 2006: 229-238). 독일과 프랑스 기업의 협력관계를 다룬 사례연구에 비추어 볼 때, 문화적인 조건으로 인하여 발생한 오해 및 문제점에 대한 원인을 파악하려는 연구과제의 틀 속에서 개발된 것으로서, 독일과 프랑스의 기업경영자를 위한 학습모형을 참고할 만하다. 이 학습모형에 기초할 때, 당사자들로 하여금 두 문화의 차이를 더 이상 장애요인으로 인지하지 않고, 오히려 문화적 차이를 새로운 자원으로서 파악하고 활용할 수 있는 능력을 함양하고 신장시키도록 하는 학습과정에 주의를 기울일 필요가 있다.

이상의 논의를 바탕으로 할 때, 이 장에서 주장하고자 하는 명제를 핵심적인 용어를 사용하여 정식화하면 다음과 같다. 교육·사회복지·경제의 행위영역은 그 나름대로의 체제논리(체제이론의 용어를 빌려 표현한다면, 자기조작(Autopoiesis)과 자기준거성(Selbstreferentialitaet)에 입각한 논리)에 의거하여 아직도 상당 부분 각 행위영역의 내재적 공간에 머물고 있다는 진단을 내릴 수 있다. 그리고 각 행위영역에서는 간문화적 관점변경(패러다임의 전환), 간문화적 개방, 간문화관리 따위의 측면에서 간문화적 변동이 이루어지고 있다.

하지만 다른 한편에서 바라볼 때, 이 세 가지 측면은 각각 특정한 행위영역에만 국한되어 있다고 보기 힘들며, 위에서 이미 언급한 바 있는 '간체제' 혹은 '간문화적 사이공간체제'의 관점에서 서로 다른 행위영역들이 서로 겹치고 연결되는 현상을 점점 더 많이 보여주고 있다. 사회 전체 혹은 문화를 하나의 체제로 간주할 경우, 그 부분체제들은 이제 점점 더 간체제를 형성하면서 서로 연결되고 결합되는 양상을 띠게 된다. 그리고 이 간체제관계는 상당히 공통된 패턴을 따른다고 볼 수 있는데, 그것은 다름 아니라, 부분체제들이 한편으로 위에서 언급한 자기준거적 체제논리에 의해 점점 더 서로 독립적이고 자주적인 상태로 되어가면서, 다른 한편으로 이와 동시에 점점 더 상호의존관계를 맺고 있다는 것이다.

다시 말하면, 여기서 문제가 되고 있는 행위영역은, 특히 그 기능적 측면에서 바라볼 때, 간성(Interitaet) 혹은 간체제(Intersystem)의 논리에 따라 서로 협력을 하거나 서로 대응·부응하면서 간문화적 변동과 그것이 수반하는 여러 가지 관련된 기능을 적절하게 수행할 수 있다는 것이다. 결국 각 행위영역은 이미 간성 혹은 간체제의 논리 속에서 그 자체가 이미 내재적으로 안고 있는 역설과 모순을 나름대로 처리하지 않으면 안 된다. 그리고 세 가지 행위영역에서 간문화적 관점변경·개방·관리의 측면에서 나타나고 있는 간문화적 변동은 공통된 목표로서 간문화능력의 함양과 신장을 요구하고 있으며, 이것은 다시 간문화교육·학습·훈련의 필요성을 제기하고 있다.

요 약

이 장은 서로 다른 행위영역에서 간문화적 변동을 구성하는 데 있어서 고려해야 할 도전과 실천을 살펴보고, 최근 관찰할 수 있는 전개양상과 공통점을 명료화하는 데 목적을 두고 있다. 이 목적에 도달하기 위하여, 예시적 차원에서 프랑스와 독일의 사례를 중심으로 하여, 세 가지 행위영역(교육·사회복지·경제)별로 각각 간문화적 변동과 관련된 동향에 주의를 기울인다. 이 장에서 강조하고자 하는 사항은 다음과 같이 몇 가지 명제로 정식화하여 제시할 수 있다. 첫째, 간문화적 질문을 다루는 담론과 실천이 이제까지 개방적인 사이공간에서 별로 이루어지지 못하고, 특정한 행위영역의 내재적 공간에 머물고 있다는 진단을 내릴 수 있다. 그럼에도 불구하고 각 행위영역이 직면하고 있는 간문화적 도전과 개혁의 필요성에 대하여 어떤 공통분모를 설정할 수 있다. 각 행위영역에서는 최근 간문화적 관점변경(패러다임의 전환), 간문화적 개방, 간문화관리 따위의 측면에서 간문화적 변동에 대한 취급과 조치가 이루어지고 있다. 둘째, 하지만 이 세 가지 측면은 각각 특정한 행위영역에만 국한되어 있다고 보기 힘들며, '간체제' 혹은 '간문화적 사이공간체제'의 관점에서 서로 다른 행위영역들이 서로 겹치고 연결되는 현상을 점점 더 많이 보여주고 있다. 부분체제로서의 각 행위영역은 자기준거적 체제 논리에 따라 점점 더 서로 독립적으로 되어가면서 동시에 상호 의존관계를 심화시키고 있다는 점에서, 이 간체제적 관계는 공통된 유형(패턴)을 따른다고 해석할 수 있다. 셋째, 특히 기능적 측면에서 바라볼 때, 간문화적 행위영역은 간성(間性) 혹은 간체제의 논리에 따라 서로 협력을 하거나 서로 대응·부응하면서 간문화적 변동과 기능을 수행할 수 있다. 각 행위영역은 이미 간성 혹은 간체제의 논리 속에서 그 자체가 이미 내재적으로 안고 있는 역설과 모순을 처리하지 않으면 안 된다. 그리고 간문화적 관점변경·개방·관리의 측면에서 나타나고 있는 간문화적 변동과정은 공통된 목표로서 간문화능력의 함양과 신장을 요구하고 있으며, 이것은 다시 간문화교육·학습·훈련의 필요성을 제기하고 있다.

제 5 장

간문화교육의 담론과 접근방안

제 5 장

간문화교육의 담론과 접근방안

|1| 간문화교육에 관한 담론과 특징

간문화교육에 관한 담론의 최근 동향을 살펴볼 때, 특히 문화적 차이와 정체성에 관한 쟁점과 논란(문화주의로 경도될 수 있는 위험성; 이주와 세계화로 각인된 세계의 파악과 더불어 교육을 위해 문화개념이 갖고 있는 적절성 문제)이 남아 있긴 하지만, 대체로 상당한 합의에 도달한 것으로 보인다. 여기서는 학문적 담론의 합의사항을 다음과 같이 네 가지로 정리하여 제시하기로 한다(Auernheimer, 2010b: 120-121).

(1) 문화적 본질주의에 대한 경계

만약 문화개념 대신에 생활세계의 용어를 사용하는 접근방안(Nieke, 2000)을 선호하지 않는다면, 간문화교육학의 전문가들은 대체로 문화를 정적·동질적·폐쇄적인 체제로 관찰해서는 안 된다는 점을 강조하고 있다. 오늘날 교육학에서 많이 거론되고 있는 구성주의적 관점에서 바라볼 때, 문화에 대한 본질주의적 이해와 해석에 대하여 더욱 거리를 유지해야 할 것으로 보인다. 또한 부분적으로 푸코(Foucault)의 영향을 받아 문화현상의 내부에서 작용하는 권력관계에 대해 주의를 기울이게 되었다. 여기서 참고로 본질주의(essentialism)에 대한 용어해설을 덧붙이자면, 이것은 라틴어(essentia: 본질)에서 유래하며, 따라서 본질주의는 오래 지속되는 본질적 특징을 가정하고, 예를 들면 어떤 민족이나 문화의 본질을 주장한다.

(2) 구조적 불평등에 대한 주의와 관심

간문화교육학은 구조적 불평등, 특히 이주민에 대한 차별대우를 시야에서 놓쳐서는 안 된다는 점을 강조한다. 구조적 불평등이 문화적 지배관계 및 인종차별주의의 담론과 결합되어 있다는 통찰이 여기서 중요한 사항이다. 이 맥락에서 인정과 평등이 기본적인 원칙으로서 폭넓은 동의를 얻고 있다. 인종차별철폐교육은 원래 기존의 다문화교육이 문화적인 요소와 측면을 지나치게 강조하는 문화주의적 관점에 경도되어 있다는 문제점을 지적하면서 등장하였는데, 이러한 발생과정을 고려할 때, 오늘날 간문화교육과 인종차별철폐교육은 더 이상 대립적인 입장으로 간주하기 어렵게 되었다. 하지만 두 가지 준거를 위하여 공통의 기초를 마련하기 위한 노력은 아직 부족한 것으로 보인다. 이것은 아마도 서로 다른 행위영역과의 연관성 때문에 나타난 현상으로 보인다. 간문화교육의 구상은 상대적으로 학교교육과 더 밀접한 관련이 있으며, 인종차별철폐교육은 청소년(계도)사업과 더 밀접한 관련이 있다.

(3) 민족적 소속감에 고착시키려는 시도에 대한 거부

간문화교육학자들은 교육적 상호작용에서 상대하는 학습자나 고객을 민족적 소속감에 고착시키려는 시도를 거부한다. 오히려 교육학에서 이미 강하게 착근되어 있는 상호작용주의 패러다임에 따라 정체성설계의 협상을 가능하게 만들어야 한다는 과제에 주의를 기울인다. 정체성을 잠정적인 생활사적 설계로서 이해한다는 점에서 정체성개념에 대해 비판적인 입장을 취하는 접근방안과의 공통점을 확인할 수 있다. 게다가 일반적인 정체성이론·연구를 본받아서 대개 정체성의 구성적 특징(patchwork identity)을 강조한다. 탈식민연구에서 나온 혼성(hybridity)의 개념에 부분적으로 주의를 기울인다. 어쨌든 각 개인이 스스로 자리매김을 해야 할 다양성과 차이의 네트워크를 강조한다.

(4) 자아이해와 타자이해의 변증법

자아이해와 타자이해의 변증법에 대한 통찰이 요청된다는 점이 강조되고 있으며, 이에 따라 자기성찰, 문화에 결부된 선호와 인지유형(방식)에 대한 성찰이 우선적인 목표로 간주된다. 이 맥락에서 특히 자기 자신의 자민족중심주의에 대한 명료화가 중요한 사항으로 강조되기도 한다.

상기한 학문적 담론의 합의사항에 이어서 이제 간문화학습의 단계에 대한 질문에 주의를 기울이기로 한다. Leenen과 Grosch는 다음과 같은 단계모형을 제시한 바 있다.

표 5-1 간문화학습의 단계모형

① 일반적인 문화종속성(문화에 대한 결부)에 대한 인식
② 타문화의 유형 확인, 탈중심화(decentering)
③ 자신의 문화표준(코드 · 스크립트 · 틀) 확인, 그것이 소통에 미치는 영향(효과)에 대한 통찰
④ 특정한 타문화에 대한 해석지식의 확대
⑤ 타문화의 유형에 대한 이해와 존중
⑥ 자신의 문화적 선택 확대(규범적 유연성 등)
⑦ 간문화관계의 구축, 간문화갈등에 대한 건설적인 취급

출처: Leenen and Grosch, 1998: 40; Auernheimer, 2010b: 125 재인용

상기한 모형이 만일 권력(힘)의 차원을 무시하거나 고정관념의 문제를 소홀히 다룰 경우, 문화주의에 경도된 시각에서 벗어나지 못한다는 비평을 받을 수 있다. 하지만 Leenen과 Grosch는 학습에 대한 저항에 유의해야 한다는 점에서 중요한 사항을 지적하고 있다. 참여자 혹은 학습자가 일방적으로 주입식 교화를 받는다고 느낄 경우, 그들의 경험이 교육적으로 의도한 메시지와 일치하지 않을 경우, 새로운 것에 관여할 때 불안을 느끼고 이와 더불어 방향감각을 상실할 것이라고 우려할 경우, 그들 자신의 필요와 욕구 또는 이해관계가 침해당한다고 느낄 경우, 불신을 없애거나 줄일 수 없다고 생각할 경우, 그리고 태도·행동의 변화를 통하여 더 나은 상황을 기대할 수 없거나 행위능력의 증가를 기대할 수 없을 경우, 학습저항이 발생할 개연성이 그만큼 더 높다(Auernheimer, 2010b: 125-126).

간문화교육학 분야에서 발달의 측면에 따른 가능성과 조건은 아직 별로 연구되지 않은 상태에 놓여 있다. 예를 들면, 사회성발

달이론에 기초하여 가정이나 가설을 설정할 수 있다. 이 맥락에서 특히 타자 혹은 낯섦에 대한 취급과 정체성발달을 고려한 정신분석학의 접근방안(Winnicott, Erikson), 관점취득과 관점조정에 대한 인지구조이론의 연구와 상징적 상호작용론의 연구(Selman), 그리고 규칙에 대한 이해의 발달에 관한 연구(Piaget)에 관심을 기울일 만하다.

교육프로그램에서는 종종 연령에 따라 도달할 수 있는 간문화 이해의 정도가 과대평가되는 경향이 있다. 여기서 특히 사회적 관점취득(SPT: social perspective-taking)의 발달에 대한 연구에 주의를 기울일 필요가 있다. Selman은 Piaget의 발달모형을 기초로 하여 사회적 인지의 발달단계모형을 설계하였다. 아동은 종종 다른 문화규범을 갖고 있는 사람들 또는 다른 생활상황에 놓여 있는 사람들을 충분하게 이해할 수 있는 인지적 구조를 아직 갖추고 있지 못한 것으로 간주되고 있다. 물론 아동이 상당히 어린 나이에 이미 정서적으로 다른 사람의 마음속으로 들어가 그 타자와 함께 느낄 수 있는 능력을 갖추고, 자발적으로 도와주고자 한다는 것을 부인하기는 어렵다.

그러나 바로 이런 현상에 입각하여 교육자가 잘못된 결론을 도출할 위험성이 있다. 이 부분에서 12세 정도가 되어야 다른 체제와 그 규범의 관점을 취하는 것이 비로소 가능하다는 Selman의 연구결과에 유의할 필요가 있다. 사회적 규칙의 관습적 특징에 대한 통찰을 아동시기에 길러주어야 한다는 Piaget의 연구결과도 역시 같은 맥락에서 고려할 수 있다. 하지만 다른 한편으로 아동이 탈중심화의 능력을 보여주기에는 아직 상당히 어렵다는 가정에 대해 Vygotsky를 참조하면서 이의를 제기하는 입장도 있다(Auernheimer, 2010b: 126-127).

행위조절의 중요한 요소로서 정서적인 평가가 대개 인지적 판단능력보다 앞서 나간다는 것은 심리학의 기본통찰에 속한다. 이러한 인식은 아동이 다른 민족집단에 대하여 어떻게 평가하는가의 문제에 관한 Tajfel의 연구에서 핵심적인 역할을 수행한다. 일반적으로 가치평가는 본격적인 개념과 범주를 형성하기 이전에 발생하며, 따라서 다른 민족집단에 대해 지적으로 범주화할 수 있기 이전에 이미 평가가 이루어지는 경향이 있다. 아동의 편견형성에 대한 심리학적 연구에 따르면, 사회적 범주화와 자기가 속한 집단의 선호는 이미 3세부터 나타난다고 한다. 하지만 다른 한편으로 이에 대해 좀 더 조심스럽게 '편견에 가까운 태도(prejudicelike attitudes)'라고 지칭하는 입장도 있다.

따라서 취학연령에 도달하기 이전에 아동이 사회적 범주화에 대해 곰곰이 생각해보는 경험을 할 필요가 있으며, 이것이 나중에 간문화이해를 하는 데 도움이 될 것으로 기대할 수 있다. 아동 및 청소년 시기에 타자 혹은 낯섦에 대한 취급을 개선하기 위한 전제조건으로서 애착(내적 결합)과 신뢰가 중요한 것으로 간주되고 있으며, 이때 타자 혹은 낯섦이 특정하게 언제나 문화적인 것으로 나타날 필요는 없다. 가정의 분위기가 중요하다는 Allport의 지적이 그동안 여러 연구에서 입증되었으며, 이것을 가정 바깥에서 이루어지는 교육으로도 역시 전이시킬 수 있다. 아동이 문화적 차이, 그리고 특히 언어적 차이를 자명한 것으로 경험해야 한다는 목표를 지나치게 높게 설정할 필요는 없으며, 적어도 그러한 경험이 나중에 나타날 수 있는 편견형성에 대하여 예방책으로 작용한다는 보장이 없는 것으로 보인다.

초등학교에서는 사회적 인지와 능력의 일반적인 발달이 유의미한 것으로 보인다. 편견과 갈등을 주제로 삼는 일이 중요하며, 또한 경직된 규범지향에서 벗어나도록 하는 것, 즉 규범적 유연성(융통성)을 기르는 일도 역시 중요하다. 이러한 기초를 바탕으로 하여 중등학교에서는 더 좁은 의미에서 본격적으로 간문화학습이 이루어져야 할 것이다(Auernheimer, 2010b: 127-128). 간문화교육학에서 거론되고 있는 접근방안은 대체로 차이와 다양성, 간문화대화, 그리고 인종차별철폐에 중점을 둔 접근방안으로 구분할 수 있다. 아래에서는 각 중점영역별로 좀 더 자세히 살펴보고자 한다.

|2| 간문화교육의 접근방안

(1) 차이 · 다양성에 관한 접근방안

문화적 차이를 교육적 맥락과 상황에서 어떻게 다룰 것인가의 질문과 관련해서는 동기 · 세계관 · 이론지향에 따라 관점이 다르게 나타날 수 있다. 문화적 차이가 별로 중요하지 않다고 가정할 수도 있으며, 다원주의적인 접근방안(젠더, 민족, 성적 지향 등을 동시에 고려하는 입장)의 틀 속에서 차이를 상당히 상대화시킬 수도 있으며, 인류학적 근거를 갖고 간과할 수 없는 문화적 결부(문화종속성)에 대한 가정을 할 수도 있다. 또한 구성주의 입장에서 출발하여 타자나 낯섦의 경험을 고려할 수도 있다. 또 다른 대안으로는 정체성이론에 입각하여 소수집단의 지위를 고려하면서 문화적 차이와 사회적 불평등에 주의를 기울이는 입장을 들 수 있다.

Nieke의 교육적 구상(2000)에서는 문화적 차이 혹은 민족적 차이가 중요한 비중을 차지한다. 그의 주된 의도는 계몽된 자민족중심주의와 대화를 위한 능력함양(역량강화)으로 요약할 수 있다. 자기 자신의 생활세계가 갖고 있는 사고·가치의 기초에 결부되어 있다는 점은 피할 수 없기 때문에, 이러한 사정에 대한 의식을 갖추도록 하는 일이 간문화교육의 첫 번째 목표로 간주된다. 이와 같이 상당히 강한 문화적 결부에서 출발할 때, 다른 생활세계와의 접촉에서 발생하는 의아함의 반응(반작용), 그리고 부분적으로 불안의 반응도 역시 어렵지 않게 이해할 수 있다. 따라서 낯섦의 경험 혹은 의아함을 적절하게 다루는 일이 두 번째 목표가 된다. 예를 들면, 감정을 잘 조절하면 불안을 호기심으로 변화시킬 수 있다. 여기에 기초하여 이제 다른 가치와 신념, 그리고 생활형태(방식)에 대한 관용이 형성될 수 있으며, 이와 더불어 자기 자신의 확신과 신념을 문제시할 수도 있다. 비록 관용과 아주 명백하게 구분할 수 있는 것은 아니지만, 그 다음 더 높은 수준에서는 민족성에 대한 승인 혹은 인정이 가능해진다. 여기서는 소수민족집단의 구성원이 보여주는 문화적 차이를 받아주는 일이 중요하다.

상기한 네 가지 목표의 장점은 문화적 결부에 대한 인정과 더불어 낯섦의 경험 혹은 의아함을 진지하게 받아들이는 데 놓여 있다. 이것은 결코 퇴행이나 아니면 병리적인 현상으로 치부해 버릴 수 없는 것이다. 하지만 문화적 결부의 불가피성을 지나치게 강조하다보면 인간이 마치 문화의 포로와 같다고 하는 바람직하지 못한 인상을 심어줄 수 있다. 이러한 위험성을 의식하고 있기 때문에, Nieke는 다른 한편으로 인간의 공통점과 연대의식, 그리고 글로벌 수준의 우리정체성을 지향한 발달의 가능성을 강조하고 있다. 하지만 어쨌든 문화적 조건에 따른 규범적 차이를 어떻게 다룰 것인가 하는 질문이 여기서는 핵심적인 문제이며 과제이다 (Auernheimer, 2010b: 133-134).

우리가 사회생활을 하면서 경험하는 차이의 다양성을 의식하도록 하는 데 주된 관심을 두고 있는 교육적 구상이 다양성 접근방안이다. 다양성의 교육학(1995)을 표방하고 있는 Prengel은 차이에 대한 새로운 사고방식, 차이를 다루기 위한 새로운 방식을 제시하려는 시도를 하고 있다. 여기서 핵심적인 사안은 전통적으로 차이와 결합된 위계질서의 틀에서 벗어나와 평등적 차이개념을 수립하는 데 놓여 있다. 차이를 통상 평가절하하려는 내포(內包)를 가능하면 지양(止揚)하고, 주어진 차이를 인정하고 진지하게 받아들이는 일이 더 중요하다.

동등한 권리를 갖고 있는 차이와 다양성 사이의 간주관적 인정을 요청사항으로 간주하고 있다. 서로 다른 생활방식과 지식·사고형태는 한편으로 문화적 조건을 갖고 있고 역사적으로 변화되지만, 다른 한편으로 고유한 특징을 지니고 있다는 점을 가정하고 있다. 사회화와 사회적 구성에 기반을 둔 차이에서 출발하여, 다양성의 교육학은 자아존중과 타자인정, 타자에 대한 호기심, 다른 것으로의 이행(移行), 상호학습의 경험, 차이의 다양성과 교차성에 대한 주의와 관심, 서로 교차하는 지배관계, 그리고 사회적·경제적 조건에 대한 주의를 목표로 삼고 있다(Auernheimer, 2010b: 135-136).

다양성 접근방안에 따라 Anne Frank Haus가 개발한 간문화수업자료(1995)는 여섯 명의 아동이 주관적으로 중요한 체험을 이야기하는 내용을 포함하고 있다. 세 명의 소년과 세 명의 소녀로 구성된 이들은 서로 다른 이주의 역사를 갖고 있다. 여기서 초점에 놓여 있는 것은 언어적 다양성과 세계관적 다양성 이외에 공통적인 사항과 개별적인 사항이다. 각 아동이 특정한 집단을 대표하는 것이 아니라는 점이 특별히 강조되고 있다. 하지만 다른 부분에서는 "개인으로서 서로 인정할 수 있지만, 또한 서로 다른 그리고 바뀌는 집단의 구성원으로서 서로 인정할 수 있다."는 목표도 역시 설정되어 있다. 따라서 서로 겹치고 서로 바뀌는 차이가 거론되고 있다.

유의해야 할 기본적인 원칙은, 어떤 문화나 아니면 다른 배경의 어떤 부분을 어떤 생활상황에서 유의미하고 중요하다고 인식하거나 선정할 것인지의 질문에 대하여, 가능하면 각 아동과 청소년이 스스로 결정하도록 하는 것이다. 이 원칙과 연결된 관점은 난민의 경험을 포함하여 이주가 수반한 영향과 결과, 그리고 법적인 차별의 경험이다. 같은 맥락에서 제공된 청소년 대상 '간문화학습프로젝트'는 사춘기의 문제(우상, 미래에 대한 전망, 사랑과 우애)를 주제로 삼는다. 이러한 문제는 특정한 문화를 넘어서서 모두에게 공통된 것이라고 가정된다. 하지만 공통점을 지나치게 부각할 경우, 오늘날 가능한 차이점이 그 뒤에서 소홀히 다루어질 수 있다. 그리고 문화적 차이가 개인적인 생활방식 뒤에서 사라질 수 있는 문제점이 있다(Auernheimer, 2010b: 136).

차이·다양성에 관한 접근방안의 연장선상에서 다중관점교육과 다중언어교육을 거론할 필요가 있다. 편협한 국가(국민)정체성에 대하여 타자 혹은 낯섦의 관점과 측면을 자기 자신의 정체성에 포함시킬 수 있는 정체성의 확장이 요청되고 있다. 언어·역사·종교·국제관계·세계경제, 그리고 과학기술에 대한 다중관점 혹은 다중시각을 추구할 필요가 있다. 학교는 다양한 문화적 교류과정에 대한 의식과 더불어 각 문화의 다층성에 대한 의식을 갖추도록 해야 한다. 다른 민족과 국민을 단순히 객체로 취급할 것이 아니라, 역사적인 주체로서 파악하도록 해야 한다.

이러한 접근방안은 보통교육 혹은 교양교육에 대한 이해와 관련된다. 세계와 자기 자신에 대한 학습자의 관계를 변화시켜야 하며, 내용적으로 확장된 정체성에 지향을 두어야 한다. 그리고 이것은 '간문화적'이라고 특징지을 수 있는 교육에 대한 이해를 함축하고 있다. 모든 학생이 서로 다른 문화적 시각과 관점을 비평적으로 다루도록 해야 하며, 이러한 구상은 문화적으로 다른 출신배경을 갖고 있는 학습자와 더불어 정주민에 속하는 학생에게도 해당하는 이야기이다. 이를 위하여 학교교육과정의 다중관점이 도움을 주어야 한다. 특히 이주배경을 갖고 있는 학습자가 문화적 정체성을 상실하지 않도록 하고, 역사와 문화가 없는 존재로 전락하지 않도록 하고, 출신국의 문화와 체재국의 문화 사이의 단순한 병존으로 남아 있지 않도록 해야 한다(Auernheimer, 2010b: 146-148).

(2) 간문화대화에 관한 접근방안

문화적 차이를 적절하게 다루기 위해서는 한편으로 당혹·짜증의 현상과 더불어 어떻게 서로 이해를 해야 할 것인가의 문제에 주의를 기울여야 하며, 다른 한편으로 종교적 가치나 성역할과 같이 논란의 대상이 되는 타당성요구나 아니면 단순히 소통규칙에 대한 대화에 주의를 기울여야 한다. 물론 이해는 대개 대화를 통해 비로소 심화시킬 수 있지만, 간문화대화를 위한 능력함양(역량강화) 그 자체를 과제로 설정할 수 있다. 간문화대화를 위한 능력은 교육적인 일상생활에 있어서뿐만 아니라, 특히 인권문제를 둘러싸고 벌어지는 논쟁에서 확인할 수 있는 바와 같이, 정치영역에 있어서도 역시 중요한 의미가 있다. 간문화대화와 관련해서는 대부분 가치와 규범의 상대성, 즉 문화적인 조건에 따른 상대성에 대한 질문이 거론되고 있다. 간문화대화에 대한 의지는 사실상 가치·규범의 상대성과 보편성, 다시 말하면 문화적 맥락성과 보편화 가능성의 질문을 제기한다.

간문화교육이 강조되기 시작한 1980년대의 초기 접근방안에서는 문화상대주의로의 경향을 관찰할 수 있었다. 간문화교육은 문화적 상대주의와 다원주의의 명제를 인정하며, 타문화 사람들의 사고와 행위에서 나타나는 차이와 다양성을 받아들이는 경향이 강했다. 하지만 현재와 미래의 생활을 위해 필요한 자질과 능력을 갖추도록 해야 한다는 교육적 과제를 고려할 때, 근본적인 수준에서 문화상대주의의 입장은 지탱할 수가 없기 때문에, 그러한 입장은 사실상 찾아보기 힘들다. 그럼에도 불구하고 문화상대주의의 문제는 오랫동안 거의 논의의 대상이 아니었다. 여기서 참고로 문화상대주의에 대한 용어해설을 덧붙이자면, 그것은 각 문화가 나름대로 고유한 전통과 풍속습관을 갖고 있다는 가정에 출발하기 때문에, 그것에 대해 논쟁을 벌이는 일은 별 의미가 없다고 간주한다. 다시 말하면, 각 문화는 생활을 유지하고 사회적 통제를 하기 위한 특정한 체제이며, 그 나름의 고유한 논리를 갖고 있다.

문화상대주의에 대조되는 개념인 보편주의도 역시 내재적으로 문제를 안고 있지만, 어쨌든 보편주의 입장은 이성의 원칙을 유효하게 만들기 위해서는 적어도 특정한 문화에 구속되어 있는 상태를 극복해야 한다는 요청사항을 내세운다. 문화상대주의와 보편주의에 대한 논쟁에 대해서는 특히 인권교육과 개발교육에서 주의를 기울였다. 앞에서 언급한 Nieke는 문화상대주의에서 벗어날 수 있는 가능성 혹은 해결방안을 일단 담론윤리에서 찾으려는 시도를 보였으며, 이 맥락에서 어떤 도덕적 입장을 취하여 대변하는 '가상적 담론'을 대안으로 제시한다. 그가 제안한 가상담론은 참여자가 놀이형식으로 그때그때 대립적인 세계관이나 가치·규범과 관련된 입장을 취하게 함으로써 상호이해를 촉진시키기 위한 교육방법으로 발전시킬 수 있을 것으로 보인다(Auernheimer, 2010b: 137-138).

10여 년 전에 국제연합 사무총장이 전문가집단을 통해 발간하도록 한 문서인 '간문화대화를 위한 선언'(2001)은 전문가집단의 구성 그 자체가 국제적·간문화적 성격을 띠고 있다는 점에서 일단 유익한 단서를 제공한 것으로 보인다. 대화를 위한 중요한 중심사상은 타자의 정체성 인정, 공동의 소속감 승인, 그리고 서로 다른 문화적 전통에서 나온 정신적 자원의 풍부함과 다양성이다. 여기에 더하여 도덕의 황금률을 확인할 수 있는데, 이것은 문자 그대로 거의 모든 윤리적·종교적 전통에서 인정을 받고 있으며, 그 핵심요소는 상호성의 규칙(남에게 대접을 받고자 하는 대로 남을 대접하라. 거꾸로 남이 당신에게 하지 않기를 바라는 것을 남에게 하지 말라.)이다. 또한 근대의 다양성을 강조하고 있다. 민주헌정, 시민사회, 시장경제를 실현하는 형태는 문화적으로 서로 다를 수 있다. 이 맥락에서 간문화대화를 위해 유리한 조건과 불리한 조건을 거론한다. 한편으로 빈부격차의 증가와 문화정체성에 대한 위협을 지적하고 있으며, 다른 한편으로 상호의존성의 증가(보기: 환경·무역문제), 세계공동체에 대한 의식의 증가, 패권의 존재에도 불구하고 권력분산의 증가 현상을 지적하고 있다.

대화를 가능하게 만들기 위해서 우리는 타자의 목소리를 경청하고, 관점에 다양성에 대하여 개방적인 태도를 취하고, 우리 자신의 가정과 전제에 대해 곰곰이 생각해보고, 의견을 교환하고, 암묵적인 합의사항을 찾아내는 것을 배우지 않으면 안 된다. 따라서 대화의 규칙은 판단을 일단 유보하고, 우리 자신의 기본가정을 비평적으로 검토하고, 성급하게 결론을 도출하기 전에 다른 사람이 말한 것을 인정·존중하고, 중요한 점에 대해 더 물어보고, 대화의 의미와 중요성에 대해 곰곰이 생각해 보려는 자세로 요약할 수 있다. 상기한 전문가집단은 '동등한 기반(equal footing)'을 결정적으로 중요하다고 간주한다. 동등한 기반의 최소요건은 각자의 목소리를 들을 수 있고, 사실상 다른 사람들이 듣도록 하는 기회·수단·조건을 얻을 수 있는 상황인 것처럼 보인다. 최대요건은 동등하게 참여할 수 있는 상황이다(Auernheimer, 2010b: 139).

대화를 위한 최대요건은 담론윤리의 원칙과 일치한다. Apel과 Habermas가 주창한 이 철학적 접근방안은, 모든 규범이 역사적·문화적 조건을 갖고 있기 때문에, 좋은 삶에 대한 도덕적인 규정과 표상의 근거를 보편적으로 수립하는 일은 Kant 이래로 더 이상 가능하지 않다는 가정에서 출발한다. 그래서 윤리적 규범에 대한 내용적 진술을 더 이상 요구하지 않고, 오히려 윤리적 내용에 대하여 상호이해에 지향을 둔 담론을 하기 위한 조건을 확인하는 데 초점을 맞춘다. 이 접근방안의 핵심요소는 보편화용론 혹은 선험화용론이다. 언어학의 용어인 화용론은 구문론 및 의미론과 구별되며, 화자(話者)가 기호를 어떻게 사용하는가에 대하여 연구하는 분야를 가리킨다. 화용론은 화자가 어떤 조건하에서 어떤 언어수단을 활용하여 어떤 의도를 실현할 수 있는가에 비추어 보면서 구체적 의사표현으로서의 언어행위(말하는 행위)를 연구한다.

보편화용론은 타당성요구를 주장하고 정당화할 수 있는 가능성의 일반적인 조건을 확인하는 데 주된 관심이 있다. 여기서는 담론을 위한 형식적 메타규범이 중요하다. 참여자의 편에서 바라볼 때 그러한 조건은 일단 대화를 하려는 준비자세, 진리·옳음·진실성(진정성)의 타당성요구, 그리고 이것과 관련된 주장의 타당성검토에 대한 인정이다. 왜냐하면 만약 이러한 의도가 없다면 상호이해에 도달하려는 시도는 별 의미가 없기 때문이다. 담론공동체를 위한 조건은 완전한 상호성, 모든 참여자가 주장과 논거를 끌어들일 수 있는 동등한 기회의 개방성, 그리고 가상적인 완결되지 않은 담론공동체이다. 권력(힘)의 비대칭성과 배제는 이상적인 담론공동체와 모순관계에 놓여 있다.

담론윤리에 대해서는 메타규범의 형식적 성격에도 불구하고 역사적으로 우발적인 것, 즉 유럽중심적인 사고방식에서 연유한 것일 수 있다는 의문이 제기된다. 그리고 Foucault의 담론이론에 기초하여, 담론은 언제나 이미 내재적으로 권력관계를 함축하고 있다는 이의가 제기되고 있다. 담론윤리가 간문화대화의 문제를 해결하는 데 실질적으로 도움을 주는지의 여부에 대해서는 아직 논란의 여지가 남아 있다. 하지만 적어도 간문화대화를 위한 일반적인 전제조건을 정식화한다는 점에서 도움을 줄 수 있다고 본다 (Auernheimer, 2010b: 139-140).

간문화대화를 위한 능력은 인권문제와 같은 거시적인 주제에서뿐만 아니라 교육적인 일상영역에서도 역시 요구된다. 예를 들면, 학급이나 청소년단체에서 공동으로 기획한 행사에 참여하는 일과 관련해서도 간문화대화능력이 요청된다. 어쨌든 상기한 '간문화대화를 위한 선언'과 담론윤리에 기초할 때, 간문화대화를 위한 실행지침은 다음과 같이 정식화할 수 있다.

••• 표 5-2 간문화대화를 위한 실행지침

• 방어적인 태도나 선교적인 태도를 취하지 않는다.
• 인물(인격)과 사물을 분리한다. 대화상대방에 대한 존중 여부를 다른(낯선) 규범체제나 세계관에 대한 판단·평가에 종속시키지 않는다.
• 잘못된 가치척도를 갖다 대지 않는다. 자기가 속한 문화의 이상(理想)을 의아스럽게 생각되는 타문화의 사회현실과 비교하지 않는다.
• 신앙을 둘러싼 싸움을 벌이지 말고, 오히려 그때그때의 상황·생활영역을 위한 해결책을 찾도록 한다. 경우에 따라서는 제3의 방도를 찾을 수 있다.
• 차별의 경험을 고려하거나 참작한다.
• 전통적인 패턴이 사회의 재생산을 위해 지닌 기능을 고려한다.
• 문화정체성을 둘러싼 투쟁을 인정하지만, 이와 동시에 개인의 권리를 지킨다.

출처: Auernheimer, 2010b: 141

(3) 인종차별철폐에 관한 접근방안

인종차별철폐교육(ARE: antiracist education 혹은 ART: antiracist teaching)이라는 개념은 영미의 언어공간에서 나온 것이다. 이 접근방안이 주의를 기울이는 핵심적인 사안은 구조적 인종차별이다. 이러한 관점에서 바라볼 때, 이것은 정치교육의 일환으로 이해할 수 있다. 영국에서 유색인종과 이주자집단에 대한 차별대우를 정치적 측면에서 비평적으로 다루는 일이 일차적으로 중요한 목표이다. 여러 도시에서 발생한 인종차별과 인종갈등을 배경으로 하여 이 접근방안은 1980년대 초에 기존의 다문화교육(MCE)과 대비되는 입장을 취하게 되었다. 토론을 위한 계기를 마련한 것은 Mullard

의 글(The Three O's)이었다. 여기서 세 가지 'O'는 지향(정향)·관찰·반대(orientation, observation, opposition)를 나타낸다.

이것은 다문화교육을 상징적으로 표현하는 세 가지 'S'(sari, samosa, steel drum)에 대한 풍자를 암시하고 있다. 다문화교육에 대한 비평가들이 사용한 이 세 가지 'S'는 '사리(인도 여성들이 두르는 겉옷)를 어떻게 묶고, 사모사를 어떻게 굽고, 스틸 드럼(카리브 해 주민 특유의 드럼통)을 어떻게 두드리는가.'의 질문을 함축하고 있다. 논쟁의 초기에 비평가들은 대체로 다문화교육이 인종차별철폐교육과 양립할 수 없다고 주장했다. 서로 다른 관찰방식과 문제분석에 기초하고 있어, 이 두 가지 접근방안은 완전히 다른 교육개혁 전략이라는 것이다. 1970년대에 다문화교육이 추구한 학교개혁은 유색인종에 속하는 학생의 교육기회를 결정한 형식적·비형식적 인종차별과정을 무시했다는 것이다(Auernheimer, 2010b: 150-151).

인종차별철폐교육을 내세운 사람들은 첫째, 소수집단의 문제를 문화주의 관점에서 바라보려는 입장에 반대하고 있다. 학교와 직업생활에서 인종차별의 효과를 고려할 때, 문화적 만남에 지향을 둔 수업의 효과에 대해 회의적이다. 계급과 성별의 차이를 소홀히 다룬 채 영국의 동질적인 국민문화에서 출발하고, 다른 이주민문화에 대해서도 지나치게 일반화된 시각에서 출발한다는 것이다. 특히 가족구조 및 여성의 역할과 같은 주제에서 고정관념을 형성하려는 경향이 강하다는 문제점을 지적하고 있다. 소수집단의 문화를 예술·종교·음식문화와 같이 평이한 인공물로 환원시키려는 경향이 강하며, 문화적 차이가 주된 관심사라고 비판한다.

둘째, 다문화교육은 가부장제도에 가까운 태도로 인하여 비난의 대상이 된다. 다문화교육의 대변자들은 주로 지배적인 사회적 세력을 대표한다는 것이다. 백인교사가 소수집단의 구성원에게 이들의 문화에 대해 가르치는 것은 부조리한 일이라는 것이다. 유색인종에 속한 학습자의 자아개념을 개선하려는 목표에 비추어볼 때, 다문화교육의 구상은 가부장적이다. 여기에는 문화적 우월성의 아우라(aura)가 만연하고 있으며, 백인교사가 자기 자신의 인종차별주의를 검토하지 않은 채 특별히 도덕적인 성실성을 갖추고 있다고 가정한다. 당사자들 자신은 발언할 기회를 얻지 못하거나 그 정도가 충분하지 못하다는 것이다.

셋째, 다문화교육을 향한 주된 비판점은 유색인종의 구성원에 대해 변호적·가부장적 입장을 취할 뿐만 아니라, 또한 인종차별주의의 문제를 개별화(개인화)한다는 지적에 놓여 있다. 왜냐하면 다문화교육의 이해에 따르면, 인종차별주의는 무지의 산물이며, 부정적인 태도와 편견을 통해 고착화되기 때문이다. 이와 같은 개별화(개인화)에 대하여 인종차별철폐교육의 옹호자들은 사회적인 시각을 대비시키며, 심리학화(심리적인 현상으로 설명하려는 경향)에 대하여 정치화를 대비시킨다. 다시 말하면, 다문화교육의 비정치적인 성격을 지적하고, 학습자에 대한 탈정치적 영향(효과)을 문제점으로 언급한다. 다문화교육은 사회정치적 문제에 대하여 문화주의에 경도된 해석을 하기 때문에 비정치적·탈정치적 수준에 남아 있다는 것이다. 정치적·경제적 조건과 모순이 다문화주의의 프로그램에서는 제대로 다루어지지 않고 있다는 것이다(Auernheimer, 2010b: 151-152).

1990년대에 와서는 인종차별주의 이론에서 이루어진 패러다임의 전환에 부응하여 담론분석에 입각한 접근방안을 관찰할 수 있다. Foucault를 준거로 삼아 인종차별주의에서 작용하는 담론권력에 주의를 기울이게 되었다. 인종차별주의는 이제 담론실천으로 이해되게 되었다. 이 맥락에서 교육연구의 관심이 언어에 대한 비판적 성찰을 향하게 되었으며, 교과서 이외에 학급에서의 언어, 그리고 특히 교사의 언어가 교육연구의 대상이 되었다. 그리고 인종, 사회계급(계층), 성별, 성적 지향, 장애의 측면이 다양하고 복합적으로 그리고 때로는 모순된 방식으로 서로 관련되어 있다는 점이 강조되었다. 이를 통해 인종차별철폐교육은 이제 다양성 접근방안에 가까워지게 되었으며, 선입견(편견)·사회정의·인종차별주의와 더불어 다양성이 수업계획을 위한 중심개념으로 자리를 잡게 되었다. 이와 관련된 수업자료에서는 유사성과 차이점의 탐색과 조사, 자기가 속한 문화의 측면 발견, 주위에서 누가 힘과 영향력을 갖고 있는지, 그리고 어떤 집단이 차별대우를 받고 있는지에 대한 탐구 등과 같은 목표가 설정되었다.

영국에서 등장한 인종차별철폐교육은 간문화교육학을 위한 도전으로 간주할 수 있으며, 후자의 구상과 접근방안에 대하여 자기성찰과 검토를 할 수 있는 단서를 제공하고 있다. 특히 문제의 핵심과 위상을 변경한다는 비난을 진지하게 받아들일 필요가 있다. 다른 한편으로 인종차별철폐교육에 지향을 둔 교수법과 수업아이디어는 비평적으로 이해된 간문화교육에 상당히 가까운 것으로 보인다. 여기서 주도적인 관점은 권력의 차원과 소속감의 다양성, 그리고 지배관계의 다양성이다. 여기서 출발하여, 구조적 불평등을 도외시하지 않고 정치적 차원에 대하여 충분히 유의한다면, 간문화교육과 인종차별철폐교육은 서로 양립가능하며 서로 수렴할 수 있을 것으로 보인다.

여기서 결정적으로 중요한 점은 간문화교육학을 사회이론의 맥락에서 파악하는지의 여부에 놓여 있다. 간문화교육에 대한 대부분의 글과 자료에서 정치적 요소도 역시 포함되어 있다는 점을 이 부분에서 상기할 필요가 있다. 이런 관점에서 바라볼 때, 간문화교육학의 과제는 이주자의 경제적·사회적·정치적 상황을 조사하고 관찰하는 데 놓여 있다. 간문화교육은 지배·종속관계에 대한 지적과 연결되어 있으며, 사회적 상황을 구조적 권력의 측면에서 조사하고 연구할 필요가 있다. 이런 점에서 간문화교육은 인종차별철폐교육의 입장에 상당히 가까이 접근하고 있다(Auernheimer, 2010b: 153-155).

그동안 총체적 접근방안이 필요하다는 통찰이 폭넓게 받아들여지게 되었다. 즉, 신뢰와 인정의 분위기를 마련해야 하고, 그렇게 함으로써 학습에 대한 저항을 극복하고, 학습자가 주장과 논증에 대해 개방적인 자세를 취하도록 하는 것이 중요한 과제로 간주되고 있다. 이 맥락에서 학습자가 특히 도입단계에서 자신의 기대·불안·염려·고민을 표출하도록 하고, 편견과 고정관념을 털어놓을 수 있도록 하는 일이 중요하다는 점이 강조되고 있다. 그 다음 점차 인지적인 접근방안이 가능하다.

그리고 의도하고 있는 메시지와 학습조건을 일치시켜야 한다는 과제가 강조되고 있다. 정치적 계몽이 성공적으로 이루어지도록 하려면 학교풍토, 즉 사회적 관계의 구성이 중요하다. 학교 내에서의 구조, 그리고 특별히 교사와 학생의 관계가 매우 중요하다. 학교의 잠재적 교육과정이 공식적인 학습목표와 어긋나게 해서는 안 된다. 지나친 개인주의와 성취도지향보다는 오히려 경쟁에 지향을 두지 않은 학교풍토 속에서 협동학습의 형태를 권장하는 것이 바람직하다. 또한 학습자중심학습에 더 많은 비중을 두어야 한다. 잠재적 교육과정의 구성요소로서 교사의 미묘한 인종차별주의가 연구의 대상이 되고 있다. 요컨대, 적절한 학습분위기와 제도적 틀의 의미와 중요성을 소홀히 다루어서는 안 된다(Auernheimer, 2010b: 156-157).

|3| 간문화교육의 교수학습방법

간문화교육학의 교수학습방법은 대체로 인지적 학습에 지향을 둔 계몽적 접근방안과 체험·행위에 지향을 둔 접근방안으로 구분할 수 있다. 또한 예를 들면 간문화적 갈등상황과 같은 것을 직접 주제로 삼는 접근방안과 간접적인 접근방안을 구별할 수 있다. 어떤 방법적 접근방안을 선호할 것인가 하는 질문은 물론 그때그때 설정된 목표에 달려 있다. 학습자로 하여금 감정을 표현하도록 하고, 소망·불안 등에 대한 성찰을 촉진하는 학습방안이 더 유망하다는 것에 대해 대체로 합의가 존재한다. 예를 들면 문학작품을 통하여 처음에 일단 자기 자신의 감정(특히 불안)과 태도에 대하여 거리를 유지하도록 하고 소외(소이)효과에 기대를 거는 접근방안을 종종 권장하고 있다. 간문화교육의 다양한 방법적 접근방안은 다음과 같이 정리하여 제시할 수 있다.

표 5-3 간문화훈련프로그램의 방법

① 탐색(탐구)방법(문의, 여론조사, 사회연구)
② 현장답사방법(소풍, 현장조사, 현장연구)
③ 분석방법(사례 · 영화(동영상) · 사진 · 문예를 활용한 학습)
④ 수용적 방법(연구 · 조사결과 발표)
⑤ 창의적 방법(시나리오기법, 브레인스토밍)
⑥ 생산적 구성방법(콜라주, 극화학습, 사진첩, 비디오제작)
⑦ 자기성찰방법(생활사 기술, 자기평가연습)
⑧ 모의학습방법(역할놀이, 시뮬레이션 게임)
⑨ 상호작용방법(갈등해결연습)
⑩ 명상방법

출처: Grosch et al., 2000; Auernheimer, 2010b: 158 재인용

상기한 분류방식 이외에 다음과 같이 교육방법을 분류할 수도 있다. 생활사를 통한 접근방안, (이주자문학이나 여행문학을 통한) 문학적 접근방안, 사회생태학적 접근방안(보기: 시구현장조사), 매체분석, 역할놀이, 상호작용놀이 · 연습, 시뮬레이션 게임, 다양한 심미적 실천(글쓰기, 사진촬영, 동영상촬영, (그림)콜라주제작, 극화놀이). 학교공간을 떠나서는 사회정치활동(보기: 난민보호활동, 인종차별주의에 반대하는 활동)이나 학생 · 청소년교류활동을 실행할 수 있다.

생활사를 통합 접근방안(보기: 자기 자신의 가족사에서 시골농부 출신과 이주)에서는 차이점과 공통점을 발견할 수 있다. 이제까지의 생활사를 재구성하고 성찰함으로써 학습자는 이제까지의 동일시를 검토하고 미래전망에 대해 교류와 의사교환을 할 수 있으며, 정체성학습(자기인식학습)에 도움을 줄 수 있다. 또한 서로 다른 생활사를 어떻게 이야기할 수 있는지에 대해 명료화할 수도 있다. 역할놀이는 공감능력을 신장시키고, 행위가능성의 폭을 넓히는 데 기

여할 수 있다. 차별이 벌어지는 상황을 어떻게 다룰 수 있는가? 상호작용놀이는 자기인지를 분명하게 해주고, 상호작용과정과 집단역학과정에 대한 감수성을 신장시키며, 부분적으로 일종의 워밍업 연습으로서 사회적 인간관계학습을 위한 전제조건, 즉 신뢰와 개방성(열린 마음)도 역시 마련해 줄 수 있다.

극화학습이나 매체학습(비디오제작, 사진촬영)과 같은 문화사업(활동)은 소외(소이)효과의 가능성을 제공한다. 즉, 자명하다고 생각한 것을 두드러지게 보이도록 하며, 모순점을 발견하고, 당혹스럽게 만들거나 기존의 고정관념과 편견을 상대화시킬 수 있는 기회를 마련해 준다. 문화사업(활동)을 사회정치적 행동과 결합시킬 경우에는 참여자에게 특별한 학습기회를 제공해 줄 수 있다. 예를 들면, 편견·차별과 관련된 장면을 교정이나 공공장소에서 연출하거나 전시할 수 있다. 이주자나 난민이 처한 상황을 담은 비디오클립을 공개적으로 보여주면서 거리를 지나가는 사람들과 이 문제에 대해 대화나 면담을 하는 활동도 실행할 수 있다(Auernheimer, 2010b: 158-159).

문화사업(활동)의 모든 형태에 대해 중요한 사항은 경험과의 연관성을 보장하기 위하여 교육자가 가능하면 참여자의 생활상황을 알거나 아니면 참여자와 함께 생활상황을 조사하는 것이다. 그렇게 해야 비로소 자신의 경험을 상징적으로 표현·묘사하는 데 도움을 줄 수 있다. 다시 말하면, 참여자의 '발생적 주제(generative themes)'(Freire)를 발견하는 일이 중요하다. 여기서 두 가지 방법적 접근방안을 예시하면 다음과 같다.

Holzbrecher(1997)는 타자의 인지를 성찰할 수 있도록 하는 데 주안점을 두고, 타자에 대한 심상이 우리 자신의 심상과 밀접한 관련이 있다는 가정에서 출발한다. 타자에 의한 불안이나 매력을 탐색하기 위하여, 학습자의 생활사와 연관성을 수립하고, 감정을 표현하도록 하는 일이 중요하다. 자기평가, 동일시, 구획(경계 짓기), 낯섦에 대한 감정, 그리고 이것과 결합된 소망이나 불안을 표현하기 위한 수단으로서 특히 상호작용놀이가 적합하다. 예를 들면, '자아심상과 타자심상'이라는 연습에 참여한 학습자들은 암시(풍자)나 비유(우의)를 통하여 교대로 특색을 그려내거나 특징짓는 활동을 한다. 이때 참여자는 질문(보기: 그 사람에게 어떤 색을 귀속시킬 것인가?)을 통하여 누구를 염두에 두고 있는지를 알아내고자 한다. '소망과 불안의 나무'라는 활동에서 참여자는 각자 자신의 소망과 불안에 대한 상징을 카드(포스트잇)에 그리거나 나타내고, 이것을 벽신문(전지)에 그려져 있는 나무에 붙인다. 또 다른 연습활동에서 자기 낙인찍기(자기 자신에 대한 낙인찍기)의 경험을 할 수 있다. 여기서 참여자는 자신의 얼굴을 그린 다음, 제3자(다른 사람)가 어떻게 반응하는가를 관찰하고, 이것을 학습놀이에 포함시키려고 시도한다.

Cohen(1994)은 학생관계에서 인종차별의 측면에 중점을 두고 있으며, 학습자가 비평적인 거리를 유지한 관점에서 그들 자신의 경험을 표출하도록 함으로써 역시 간접적인 접근방안을 선호한다. 예를 들면, 비디오카메라로 녹화한 갈등상황을 논의의 대상으로 삼은 교내 프로젝트를 수행할 수 있다. 여기서 중요한 점은 긍정적인 심상을 전달하는 데 놓여 있지 않고, 오히려 학습자가 자기가 속한 문화의 편견을 알아보고, 그들이 겪은 경험의 다층적인 특징을 조사할 수 있도록 해주는 틀이나 공간을 마련하는 데 놓여 있다. 학습자는 문화적 산출물을 비평적으로 읽는 요령을 터득해야 한다. 사진촬영과 사진을 다룬 학습활동을 통하여 학습자는 의미의 사회적 지정을 드러내고 협상이 가능한 것으로 인식하도록 해야 한다. 예를 들면, 영상자료에 대한 진술이 사진의 발췌나 해설에 따라 변경될 수 있다는 것을 경험하게 된다. 괴물을 다룬 이야기나 놀이를 통해서 학습자는 불안과 환상을 다루거나, 아니면 어떤 집단이 어떻게 괴물로 만들어지는지 발견하게 된다. 어쨌든 Cohen의 제안은 간문화교육을 지나치게 교육적인 측면에 치중한 방식으로 다루지 않도록 하는 데 적합하며, 필요한 수정을 가한다면 성인교육에도 역시 전이가 가능하다(Auernheimer, 2010b: 159-160).

간문화교육이나 인종차별철폐교육에서 종종 활용되고 있는 방법은 연극이다. 관중으로 참여하는 관람연극과 더불어 특히 직접 연출에 참여하는 동참연극은 여러 가지 측면에서 기회를 제공한다. 우선 참여자는 놀이형식의 연출을 통해서 문제와 갈등을 명료화하고, 관중에게 낯선 형태로 흥미와 이해를 일깨울 수 있다. 사람들이 다른 때에는 별로 다루거나 논하지 않으려고 하는 차별의 경험, 세대간 갈등 혹은 불안을 낯선 형태로 실연(實演)함으로써 겉으로 표현하거나 묘사할 수 있다. 이때 소외(소이)효과의 핵심은 내국인과 외국인 사이의 위계질서 혹은 권력관계와 같이 대부분 사람들에게 마치 자명한 것처럼 나타나는 사회적 관계를 의문시하는 데 놓여 있다. 또한 무대에서의 연출을 통하여 참여자들은 행위의 가능한 대안을 확장할 수 있다(Auernheimer, 2010b: 160).

간문화교육의 방법적 접근방안으로서 교류프로그램에도 주의를 기울일 필요가 있다. 교류프로그램은 학교교육, 청소년(계도)사업, 성인교육(혹은 평생교육) 모두를 위해 적실성을 갖추고 있다. 청소년 교류프로그램, 국제세미나, 봉사캠프, 수학여행 등은 국제적인 만남, 다른 문화 및 생활방식과의 접촉을 통하여 편견을 줄여나가고 자신의 문화적 가치표상을 상대화시키는 데 기여할 수 있을 것으로 기대되고 있다. 하지만 간문화교육의 영역에서 이념과 현실 사이의 격차, 일반적인 목표와 사실적인 효과 사이의 불일치가 발생할 수 있다는 점에도 역시 유의해야 한다. 우선 국제적인 접촉과 만남 그 자체가 긍정적인 효과를 수반할 것이라는 소박한 믿음에 대해 경고할 필요가 있다.

그리고 간문화적 학습상황을 주제에 적합하게 구조화하는 데 있어서, 예를 들면 생태·노동·세계경제질서·군축 등이 논의의 대상이 될 경우, 참여자들 사이에서 간문화적 메타소통(소통에 대한 소통; 소통에 대한 성찰)이 소홀히 다루어지지 않도록 유의해야 한다. 문화적 차이에 대한 인지와 검토, 갈등문제에 대한 공동취급이 가능하도록 할 필요가 있다. 흔히 갈등을 회피하려는 경향이 있는데, 이러한 문제점에 대한 검토가 요청된다. 물론 언어상의 곤란으로 인하여 소통의 장애가 발생할 수 있지만, 이것만이 유일하고 결정적으로 중요한 이유는 결코 아니다. 오히려 문화적 차이를 주제로 삼는지의 여부가 더 중요한 요인으로 작용할 수 있다. 자신의 문화적 규범을 상대화시키고 편견을 줄여나가기 위해서는 상호적인 타자인지에 대한 메타소통이 이루어지도록 해야 한다.

국제세미나나 봉사캠프에서 교수방법 측면에서 개입할 경우, 예를 들면, 첫 만남과 더불어 서로 얼굴을 익히는 데 도움이 되도록 적절한 방안을 모색해야 한다. 봉시캠프를 개시하기 전에 현장답사가 요청되며, 오리엔테이션 단계를 위한 비언어적 연습을 고려하고, 갈등을 주제로 삼을 수 있는 형태에 주의를 기울여야 한다. 이때 전체회의에서 공동으로 논의하기 전에 국가별 집단에서 의견을 개진할 수 있는 담화를 갖는 것이 바람직하다. 그리고 참여자들의 능동적인 참여 아래 이루어지는 사전준비행사와 더불어 사후평가행사가 일반적으로 필수적인 사항으로 요청되고 있다.

국제청소년사업에 대한 여러 연구결과에 따르면, 단순한 접촉만으로는 간문화학습의 효과를 보장할 수 없다고 한다. 심지어 역설적으로 고정관념의 형성을 고착화하는 결과를 가져올 수도 있다. 공동의 과제를 갖고 작업을 하는 방안이 도움이 되는 것으로 간주되고 있다. 학습상황이 지나치게 복합적이지 않도록 하고, 한계상황이 참여자들에게 과도한 부담을 주지 않도록 하며, 상호 갖고 있는 기대를 표출하고 갈등을 함께 다룰 수 있는 기회를 마련하는 일도 역시 중요하다. 결국 상기한 사항이 간문화교육을 위해 일반적으로 통용되는 규칙이라고 말할 수 있다(Auernheimer, 2010b: 161-163).

요 약

간문화교육에 관한 담론의 최근 동향을 살펴볼 때, 특히 문화적 차이와 정체성에 관한 쟁점과 논란이 남아 있긴 하지만, 대체로 상당한 합의에 도달한 것으로 보인다. 문화적 본질주의에 대한 경계, 구조적 불평등에 대한 주의와 관심, 민족적 소속감에 고착시키려는 시도에 대한 거부, 그리고 자아이해와 타자이해의 변증법 측면에서 대체적으로 합의사항을 확인할 수 있다. 간문화교육학에서 거론되고 있는 접근방안은 대체로 차이와 다양성, 간문화대화, 그리고 인종차별철폐에 중점을 둔 접근방안으로 구분할 수 있다. 간문화교육학의 교수학습방법은 대체로 인지적 학습에 지향을 둔 계몽적 접근방안과 체험·행위에 지향을 둔 접근방안으로 구분할 수 있다. 또한 간문화적 갈등상황과 같은 것을 직접 주제로 삼는 접근방안과 간접적인 접근방안을 구별할 수 있다. 어떤 방법적 접근방안을 선호할 것인가 하는 질문은 물론 그때그때 설정된 목표에 달려 있다. 학습자로 하여금 감정을 표현하도록 하고, 소망·불안 등에 대한 성찰을 촉진하는 학습방안이 더 유망하다는 것에 대해 대체로 합의가 존재한다. 예를 들면 문학작품을 통하여 처음에 일단 자기 자신의 감정(특히 불안)과 태도에 대하여 거리를 유지하도록 하고 소외(소이)효과에 기대를 거는 접근방안을 종종 권장하고 있다. 방법적 접근방안에 대한 한 가지 분류방식에 따르면, 생활사를 통한 접근방안, (이주자문학이나 여행문학을 통한) 문학적 접근방안, 사회생태학적 접근방안(보기: 시구현장조사), 매체분석, 역할놀이, 상호작용놀이·연습, 시뮬레이션 게임, 다양한 심미적 실천(글쓰기, 사진촬영, 동영상촬영, (그림)콜라주제작, 극화놀이), 그리고 학교공간을 벗어난 사회정치활동(보기: 난민보호활동, 인종차별주의에 반대하는 활동)이나 학생·청소년교류활동을 거론할 수 있다.

제 6 장

간문화능력과 교사전문성

|1| 교사전문성 요소로서의 간문화능력

|2| 간문화능력을 위한 표준교육과정

|3| 간문화능력을 갖춘 교사전문성의 모습

제 6 장

간문화능력과 교사전문성

|1| 교사전문성 요소로서의 간문화능력

문화적 차이와 다양성을 안고 있는 다문화사회에서 차이나 격차를 확인하는 데 그치지 않기 위해서는 소통행위, 간문화대화, 간문화이해의 수준에서 능력의 함양과 신장을 필요로 한다. 이와 같은 기본적인 능력의 영역은 교육과정에 두루 반영되어야 하며, 교사교육과 교사연수의 과정에 결부되어야 한다. 학습을 위한 전문가로서의 교사가 추가로 간문화적 만남과 관계를 위한 전문가로서 거듭나기 위해서는 소통을 잘 함으로써 무력감을 능력과 역량으로 탈바꿈시키고, 문제상황에서 필요한 자원을 인식하고, 단일문화와 단일언어의 아비튀스(habitus)를 안고 있는 학교를 효과적인 다문화학교 혹은 간문화학교로 변모시킬 수 있도록 해야 한다 (Lanfranchi, 2010: 231).

이런 배경에서 출발할 때, 교사교육을 담당하고 있는 기관이나 단체는 적어도 다음과 같은 문제제기에 대하여 교육현장과 실천을 위해 적실성 있는 답변을 탐색해야 한다는 과제를 안고 있다 (Lanfranchi, 2010: 232).

① 서로 다른 여러 문화적·사회적·언어적 환경을 갖고 있는 학습자 및 학부모와 함께 교사가 상호작용을 할 때 그것이 학습에 도움이 되도록 하기 위해서 요청되는 사항은 무엇인가?
② 다문화학교 혹은 간문화학교에서 간문화능력의 행위수준과 더불어 교사가 갖추어야 할 자질과 능력은 어떤 양상과 모습을 띠고 있는가?
③ 오늘날 흔히 간문화교육학이라는 상위개념 아래 논의되고 있는 교사의 자질과 능력을 어떻게 개발할 수 있는가?

사회문화적 이질성과 언어적 이질성이 증가하고 있는 학교를 고려할 때, 상기한 질문은 교사교육을 위한 구조개혁의 틀 속에서 우선적으로 논의해야 할 것으로 보인다. 간문화교육학의 개념과 구상에 대하여 교사교육을 담당하고 있는 사람들과 (예비)교사들이 아직 바람직한 정도로 인지하고 있거나 실천에 옮기고 있다는 평가를 내리기 어려운 실정이다. 문화적 이질성에 대한 취급이 모든 교사의 전문성에서 아직 자명한 사실로서 착근되어 있지 못하기 때문에, 교사교육을 담당하고 있는 기관은 (예비)교사교육과 교사연수에서 추가로 더 많은 주의와 관심을 보여야 할 것이다.

이런 맥락에서 여기서는 최근 스위스에서의 동향을 준거로 삼아, 조작화가 가능하고 통합적인 표준교육과정의 사례를 소개하고자 한다. 이 표준교육과정에는 습득해야 할 능력과 거기에 해당하는 학습영역이 반영되어 있다. 다시 말하면, 도달해야 할 표준을 포함하여 비교적 용이하게 개관할 수 있고 조작할 수 있는 교육과정요소를 모듈형식으로 제시하고 있다(Lanfranchi, 2010: 232).

오늘날 유럽연합에서는 간문화소통과 간문화능력이라는 용어와 개념이 여러 국제지원기구와 대학의 교육·연수프로그램, 각종 회의와 세미나, 그리고 심지어 다국적기업의 홍보자료 등에서 마치 유행어처럼 사용되고 있다. 그리고 특히 사회통합프로젝트의 틀 속에서 지원되는 국가보조금의 영향을 받아, 간문화소통·중재·네트워킹을 위한 공공행정기관과 연구소 혹은 민간단체가 예를 들면, interviva, intermigra, intermedio, interdialogos, internetz, connex, globaleducation과 같은 이름을 내걸고 활동하고 있다.

이런 현상을 바라볼 때, 적어도 과거 시혜에 중점을 둔 외국인 지원사업과 비교해 볼 때, 간문화적 사고방식을 구체적으로 실현시키기 위한 전략에 대한 관심이 증가하고 있으며, 이주민을 위한 교육·상담·취업·치료(치유)영역에서 상황을 개선시키고자 하는 관심과 더불어 관련된 전문가의 양성 및 활동이 점점 더 활성화되고 있다는 것을 확인할 수 있다. 물론 여기에는 교직을 담당하고 있는 사람들도 포함된다. 여러 가지 측면에서 바라볼 때 부인할 수 없는 사실은 학교는 넓은 범위에 걸쳐서 그리고 거의 자연스러운 환경 속에서 간문화적 접촉과 교류가 이루어지는 거의 유일한 장소이며 공간이라는 점을 염두에 두어야 한다(Lanfranchi, 2010: 235-236).

그런데 교사가 안고 있는 근본적인 어려움 중의 하나는 한편으로 동등하게 대우해야 한다는 원칙과 다른 한편으로 생활세계(일상생활영역)의 준거 사이에서 적절하게 균형감각을 획득하는 일이다. 이 문제는 거의 딜레마상황에 가까운 것이다. 우선 이성적인 관점에서 바라볼 때, 교사는 학습자를 보편적인 학생역할이라는 측면에서 인지해야 하며, 그가 안고 있는 특수한 출신배경의 측면에서 인지해서는 안 된다. 그러나 다른 한편으로 교육적 합리성에 부응하는 이와 같은 제도적인 규칙을 문화특정적인 생활세계와의 연관성을 함축하고 있는 개인화(개별화)라고 하는 다른 교육적 원칙과 양립가능하게 만들거나, 아니면 그 두 가지 준거 사이에서 적절하게 균형을 잡는 일은 상당히 어려운 일이다(Auernheimer et al., 1996; 94; Edelmann, 2009: 130-131).

이러한 근본적인 문제에 비추어볼 때, 사회문화적 차이와 다양성의 현상에 대하여 그럴 듯한 일반화 수준에서 비교적 적절하게 주체적으로 대처할 수 있는 바람직한 방안으로는 우선 다음과 같이 두 가지 대안을 제시할 수 있다.

① 일상적인 행위의 방향을 설정하는 지침으로서 기능을 수행하는 학교규범에 대하여 간문화소통을 위한 적절성 측면에서 계속적으로 성찰하려는 자세를 갖춘다.

② 갈등이 발생할 경우 문제해결을 위한 시도와 노력을 할 때 가능하면 해당하는 사례와 관련하여 학습자의 서로 다른 지향을 고려하고 이것을 교육적 행위목록(즉, 학습·생활지도의 가능한 대안)에 통합시킨다.

여기서 교사교육을 위해 도출할 수 있는 귀결은 다문화적 학교상황에서 교사에게 필요한 자질과 능력에 초점을 맞추어 핵심적인 능력과 학습영역을 규정해야 한다는 것이다. 이러한 요구사항에 부응하기 위해서는 가능한 한 명백하게 범위와 한계를 설정한 표준과 더불어 이것에 해당하는 교육과정요소를 체계적으로 기술해야 한다(Lanfranchi, 2010: 243-245).

|2| 간문화능력을 위한 표준교육과정

여기서 소개하는 표준교육과정(Lanfranchi, 2010: 246-255)은 스위스 교육부에서 작성한 문서(Lanfranchi et al., 2000)와 더불어 '간문화교사교육을 위한 유럽네트워크(European Network for Intercultural Teacher Training)'에서 발간한 목록(EUNIT, 1998)에 기반을 두고 작성되었으며, 습득해야 할 간문화능력을 통합적인 표준교육과정의 형태로 기술하고 있다. 여기에는 언어적·문화적 다양성의 차원에 적절하게 대비하기 위하여 오늘날 교사교육에서 충족시켜야 할 가장 중요한 요청사항과 기준이 통합되어 있다.

그동안 나온 평가결과에 기초할 때, 이중전략이 필요하다는 귀결이 도출되었다. 한편으로는 필수과정으로서 특정한 모듈이 제공되어야 한다. 다른 한편으로는 간문화교육학이나 간문화능력의 함양·신장을 위한 준거가 횡단으로 두루 걸쳐서(transversal), 즉 다른 모든 교육프로그램 요소로 마련되어야 할 것으로 기대가 되고 있다(Lanfranchi, 2010: 245-246).

(1) 교육과정영역 1: 차이

1) 중심사상

학교와 사회에서 시민으로서 그리고 교직원으로서 적절하게 자리매김을 한다.

2) 학습영역

사회문화적 차이에 대한 근본적인 질문(문제)

3) 능력

① 사회체제 내에서 그리고 사회체제 사이에서 사회문화적 공통점과 차이점에 대한 감수성 개발

② 그러한 차이의 상대화, 그리고 세계화과정의 역학 및 가치와 규범의 다원화에 대한 인식

4) 문제제기(다루어야 할 질문)

① 사회문화적 다양성이 지역과 사회적 인접공간에서 어떻게 나타나고 있는가?

② 현재 진행되고 있는 이주운동(세계적 차원이나 지역적 차원에서 이주노동자, 난민 등)으로는 어떤 것이 있으며, 이주의 원인(역사적, 사회적, 경제적, 정치적)은 무엇인가?

③ 통합과 동화는 무엇을 의미하며, 문화·민족·정체성·특수주의·보편주의란 무엇이며, 다원화·유럽화·세계화란 무엇을 뜻하는가?

④ 어떤 법률이 이주를 조절·조정하고 있으며, 사회적 구성과정에서 여러 서로 다른 사회집단이 참여하고 공동으로 결정할 수 있는 가능성으로는 어떤 것이 있는가?

⑤ 과거와 현재의 이동성에 대한 나의 태도와 자세는 어떠하며, 이질적인 학급에서 나의 전문적 행위를 위해 그것이 의미하는 것은 무엇인가?

⑥ 개인성과 집단성에 대한 개념, 성역할과 관련된 규범, 교육 방식에 있어서 공통점과 차이점으로는 어떤 것이 있는가?

5) 표준과 근거

- 표준: 교사는 역사적·사회적·정치적·경제적 측면에서 이주상황에 대해 알고, 체제 내와 체제 사이에서 나타나는 사회문화적 공통점과 차이점에 대한 감수성을 길러야 한다. 여기에 기초하여 다문화학교의 자원과 문제를 분석할 수 있고, 학교생활에서 성찰하면서 행위를 할 수 있다. 학생의 사회적·언어적 이질성과 학업성취도의 이질성이 강한 상태와 같이 상당히 어려운 조건의 경우에도 그렇게 할 수 있어야 한다. 서로 모순된 사회적·규범적 요구사항의 긴장관계 속에서 위축되지 말고, 자신의 활동범위 내에서 극단적인 두 가지 형태(한편으로 사회문화적 차이의 과도한 강조와 다른 한편으로 그러한 차이의 부인·거부) 사이에서 나름대로 적절하게 균형감각을 갖추어야 한다.
- 근거: 교사는 시민 혹은 공민(citoyen)의 역할과 전문적 직업인의 역할을 수행하면서 교육정책과 관련된 사안에 대해서 입장을 취할 수 있어야 하며, 다원적인 세계에서 사회의 발전을 둘러싼 공공적 토론에 참여해야 한다. 오늘날 학교에서 현실적으로 존재하는 사회문화적 차이를 인지해야 비로소 고정관념으로 흐르는 경향과 무차별주의(획일주의)로 흐르는 경향 사이에서 균형을 잡으면서 적절한 방도를 찾게 된다.

6) 방법

① (동일한 나라에서 이루어진 거주지 변경을 포함하여) 적어도 3대에

걸쳐 자기 가족이 경험한 이주의 역사를 다룬다.

② 이주민과 정주민 사이에서 발생하는 접점과 갈등을 인터뷰를 통해 탐색한다.

③ 간문화적 만남에서 자기 자신의 행동을 관찰자의 도움을 빌어 기술하거나 프로토콜(사실적 기술) 형태로 기록으로 남긴다.

④ 기존의 이질성이 어느 정도로 학교와 더불어 교사의 역할을 변화시켰는지에 대한 근본적인 질문에 관해 논의한다.

(2) 교육과정영역 2: 소통과 인종차별철폐

1) 중심사상

타자(낯선 자)와 함께 적절하게 상호작용할 수 있기 위하여 자기 자신에 대해 성찰한다.

2) 학습영역

간문화성의 심리사회적 측면, 인종차별철폐교육, 간문화소통

3) 능력

① 서로 다른 사회문화적 출신배경을 가진 사람들과 소통하고 서로 양해(이해)할 수 있는 능력

② 차별과 인종차별주의의 예방, 갈등에 대한 건설적인 취급·해소

4) 문제제기(다루어야 할 질문)

① 이주민, 난민, 망명신청자, 이주와 피난에 대하여 나는 어떤 생각을 갖고 있는가? 나에게 친숙하지 않은 행동방식을 보이는 사람들과 거꾸로 나의 행동방식을 이해하지 못하는 사람들에 대하여 나는 어떤 반응을 보이는가(어떻게 반작용하는가)?

② 고정관념·편견·자민족중심주의가 어느 정도로 타자(낯선 자)와의 만남을 방해하는가? 나의 사회화를 통해 익숙하게 된 것과는 다른 사회문화적 기초에서 나온 사고·감정·행위를 보여주는 사람들을 나는 어떻게 만나는가? 타자(낯선 자)에 대한 불안은 어떻게 발생하며, 그것이 언제 외국인혐오증(외국인공포증)으로 변모할 수 있는가?

③ 문화와 문화정체성에 대한 경직된 생각이나 단일문화에 입각한 생각을 어떻게 다원주의적인 생각이나 다문화적인 생각으로 확장할 수 있을까?

④ 서로 다른 문화적 출신배경을 갖고 있는 사람들 사이에서 어떻게 소통과 이해를 강화하고 개선할 수 있는가? 나 자신에 대한 이해를 개선하기 위하여, 타자(낯선 자)를 더 잘 이해할 수 있는 기회를 어떻게 이용할 수 있을까?

⑤ 사회에서 존재하는 개인적인(특수주의적인) 이해관계와 집합적인(보편주의적인) 이해관계 사이의 모순을 나는 어떻게 다루고 있는가?

⑥ 서로 다른 문화적 출신배경을 갖고 있는 사람들의 공동생활을 위한 사회적 규칙체계인 인권에서 어떤 입장을 도출할 수 있는가? 예를 들면, 전쟁으로 인한 외상(外傷)의 심리적 측면

은 무엇이며, 학교를 위해 어떤 교육적 귀결을 끌어낼 수 있는가?

5) 표준과 근거

- 표준: 교사는 고정관념·편견·차별·인종차별주의의 발생기제(메커니즘)에 대해 알아야 한다. 자신의 가치와 규범에 따른 지향에 기반을 두고, 서로 다른 사회문화적 배경을 가진 사람들이나 서로 다른 가치와 규범을 가진 사람들과 소통할 수 있고, 거기서 발생하는 갈등을 예방할 수 있고, 이 갈등을 건설적으로 다루거나 해소할 수 있어야 한다.
- 근거: 타자(낯선 자)를 만날 수 있고 정서적으로 안정된 틀 속에서 그들과 소통·이해하기 위해서, (예비)교사는 일단 먼저 자기 자신을 만나고, 자신의 (문화적) 사고방식과 가치표상을 잘 알 필요가 있다. 이러한 기초를 갖추고 있어야 비로소 학교 환경에서 사례이해(사례에 대한 이해)가 가능하며, 또한 차별과 인종차별주의의 형태(제도적 형태와 자기 자신의 개인적 형태 포함)를 막을 수 있다.

6) 방법

① 다른 사회문화적 배경을 가진 사람들에 대한 감추어진 표상과 암묵적인 가정(假定)을 역할놀이나 시뮬레이션을 통해 겉으로 드러나도록 한다.

② 비디오로 촬영한 대화(동영상)를 통하여 동일한 문화에 속한 구성원들 사이에서 발생하는 오해와 소통의 어려움을 분석한다.

③ 역할놀이를 통해 갈등상황의 장면을 연출하고, 상호이해에 기여할 수 있는 경기규칙이나 건설적인 해결방안을 모색한다.

(3) 교육과정영역 3: 교수법, 통합, 성공적인 학교생활

1) 중심사상

학생들을 수업에 통합시키고, 한편으로 지원(진흥·촉진)과 다른 한편으로 필요한 요구사항을 잘 운용함으로써 그들을 뒷받침해 준다.

2) 학습영역

성취도 향상과 성공적인 학교생활에 도움을 주기 위한 차원에서 이질성을 다루기 위한 교수법 관련 능력

3) 능력

① 성취도와 개별학습과정에 대한 파악·해석·평가·판단
② 특별한 학급집단(구성원)의 전제조건에 대한 수업의 적응(조절)
③ 수업구상·설계에 있어서 다양성과 차이점에 대한 고려
④ 모든 학습자의 사회통합이라는 관점에서 수업의 구성
⑤ 팀을 통한 협력체제 구축과 학교발전계획에의 참여

4) 문제제기(다루어야 할 질문)

① 오늘날 학교에서 현존하는 사회문화적 다양성에서 어떤 새로운 목표가 나오는가? 아니면 새롭게 비중을 설정해야 할 목표는 무엇인가?

② 학습자의 사회적·언어적·문화적 다양성을 적절하게 고려하기 위하여 교사가 익혀야 할 교수법 관련 지식과 능력은 무엇인가?
③ 서로 다른 학습의 전제조건, 학습의 가능성, 해석·행위방식, 학습을 위한 동기, 규범·가치표상을 어떻게 수업에서 고려할 수 있을까?
④ (특히 이주·피난상황과의 연관성 속에서) 학교에서의 성공과 관련된 현상과 원인에 대한 최근의 연구동향과 연구결과로는 어떤 것이 있는가?
⑤ 이주학생을 과소평가하려는 경향에 대해서 어떻게 대처할 수 있는가? 그리고 주관적인 평가로 인한 왜곡현상을 어떻게 피할 수 있는가?
⑥ 모든 학습자가 성공적인 학교생활을 하고 학교의 질을 개선하기 위한 차원에서 현황파악과 발전계획을 모색하는 데 있어서 교사연구팀 수준이나 학교 전체 수준에서 내가 어떻게 기여할 수 있는가?

5) 표준과 근거

- 표준: 교사는 다문화적 맥락과 조건에서 성공적인 학교생활의 핵심적인 차원을 알아야 한다. 이러한 배경에 기초하여 이질적인 학급구성(외국어를 사용하는 학습자의 수나 사회적 불이익을 받고 있는 학습자의 수가 많은 경우 포함)에도 불구하고 수업의 높은 질을 확보할 수 있다.
- 근거: 특별한 학생구성원(집단)에게 적응된 수업은 성취도를 파악·해석할 수 있는 능력, 그리고 자기 자신의 기대를 통제하

면서 평가할 수 있는 능력을 요구한다. 이와 같은 능력을 갖추어야 개별적인 학습과정을 이해하고, 여러 가지 서로 다른 교수법을 실행에 옮기는 데 있어서 교육적 융통성을 발휘할 수 있다.

6) 방법

① 교육실습의 틀 속에서 적절한 도구를 사용하여 선정된 학습자의 학습전제조건, 학습상태, 학습가능성을 파악한다.

② 이주배경을 가진 학습자가 학교에서 성공적인 생활을 하는지의 여부에 대한 여러 가지 서로 다른 평가기준과 설명에 대해 비평적으로 성찰한다.

③ 서로 다른 관점에서 주제를 다룰 수 있고, 학습자의 서로 다른 종류의 자원을 적절하게 고려할 수 있는 수업형태와 구상에 대해 안다.

④ 전문서적을 통하여 성공적인 학교생활의 결정요인과 실패의 원인에 대한 연구를 읽고 요약하며 세미나에서 발표한다.

⑤ 면담(인터뷰)을 통하여 학습자에 대한 교사의 서로 다른 기대와 더불어 성취도에 대한 그 기대의 영향을 파악한다.

⑥ 교육과정의 지침에 의거하여 그리고 효과적인(잘 가르치는) 교사의 특징에 입각하여 다문화학급 혹은 다언어학급을 위한 수업단원을 작성한다.

(4) 교육과정영역 4: 다중언어

1) 중심사상

모든 학습자의 다중언어(여러 나라 말 사용)를 뒷받침한다.

2) 학습영역

다중언어에 대한 취급

3) 능력

① 다중언어 정체성을 강화하고, 학급에서 현존하는 언어를 위하여 수업을 개방할 수 있는 능력
② 모국어교수법과 외국어교수법의 원칙에 따라 수업을 구성할 수 있는 능력
③ 언어학습을 촉진하는 수업구성능력

4) 문제제기(다루어야 할 질문)

① 언어적·문화적 경계를 넘어서서 교류와 대화를 위하여 수업에서 어떻게 언어적·문화적 다원성을 이용할 수 있는가? 교사가 구사하지 못하는 언어(모국어·가족언어·지역사회언어)를 어떻게 수업에 끌어들일 수 있는가?
② 학급의 언어적 측면에 적합한 수업전략과 학습전략(일제학습, 모둠학습, 개별학습)을 어떻게 찾아내고 적용할 수 있는가?
③ 외국어습득을 새로 시작한 학습자가 어떻게 수업과 수업자료에 접근할 수 있는가(이중언어교육이나 아니면 이것이 가능하지

않은 경우 외국어촉진수업조치를 통하여)?

5) 표준과 근거

- 표준: 교사는 자신의 모국어를 다른 사람들이 외국어로 배울 경우 거쳐야 하는 단계를 알고, 외국어학습을 위해 모국어촉진이 지닌 의미와 중요성을 알아야 한다. 여기에 기초하여 모국어교수법과 외국어교수법의 원칙에 따라 수업을 구성할 수 있다.
- 근거: 학급에서 현존하는 언어의 영역에서 수업을 고려하고 개방함으로써 모든 학습자의 다중언어 정체성이 강화된다. 언어를 촉진하는 수업구성은 모국어와 외국어 양쪽에서 능력을 제고시키며, 다른 교과에서의 성취도 향상에 기여한다.

6) 방법

① 학교내외에서 이루어진 자신의 언어경력과 개인적인 외국어 습득을 분석하고 포트폴리오(portfolio)를 작성한다.

② 교육실습의 틀 속에서 어떤 가족언어·학교언어·여가언어가 어떤 맥락에서 말하여지는지 찾아본다.

③ 이주배경을 가진 학습자의 모국어수업을 담당하고 있는 교직원(혹은 강사)과의 만남을 모색하고 그의 관심사가 무엇인지 알아본다.

(5) 교육과정영역 5: 학부모협력

1) 중심사상

학부모를 학교에서 이루어지는 일에 포함시킨다.

2) 학습영역

학부모와의 협력

3) 능력

① 서로 다른 출신배경을 가진 학부모와 협력할 수 있는 능력
② 학부모를 위한 상담의 가능성에 대한 인식
③ 구조적으로 불이익을 받는 사람들의 행위가능성과 참여권(공동결정권)의 장려

4) 문제제기(다루어야 할 질문)

① 서로 다른 사회집단(계층·종교·출신배경)에 속한 학습자의 부모와 소통하고 협력하는 요령을 어떻게 배워야 하는가?
② 해당하는 사례와 관련하여 가족과 학교의 연결고리를 어떻게 개발하고 실행에 옮길 수 있는가(사친회, 학부모와의 개별면담, 가정방문 등)?
③ 학교와 관련된 사안이나 학습자를 위한 뒷받침에 있어서 가능하면 모든 학부모의 협력을 어떻게 끌어낼 것인가(학습에 유익한 여가시간, 미디어의 활용, 통역자와의 작업 등)?

5) 표준과 근거

- 표준: 교사는 모든 학부모와 더불어 교육과정에 참여한 다른 사람들을 포함시키는 일의 가능성과 한계를 알아야 한다. 이러한 배경을 전제로 하여 그때그때 선정된 협력의 형태에 대해 근거를 대고 학교와 가정 사이의 맞춤을 모색할 수 있다.
- 근거: 다문화적 상태에 놓여 있는 학습자는 생활세계에서 서로 상이한 메시지·기대·요구사항을 통합하는 데 있어서 종종 곤란한 상황에 처하곤 한다. 그런데 이 서로 다른 생활세계 사이의 연결형태가 마련된다면, 정신적으로 경계를 넘나드는 상태가 부담으로 다가오지 않고 오히려 좋은 기회가 될 수도 있다. 교사가 학부모와 능동적으로 접촉하고, 필요한 경우 다른 참여자들(보기: 사회적 능력을 갖춘 통역자, 문화적 중재자)을 포함시킨다면 그 기회를 잡는 데 중요한 기여를 할 수 있다.

6) 방법

① 이주배경을 가진 학습자의 본국에 있는 가정이나 아니면 받아들인 나라에 있는 가정에서 며칠 동안 체류한다. 여기서 집중적으로 경험한 진정한 만남의 상황은 이주배경을 가진 학습자의 학부모와 나중에 접촉을 하는 데 있어서 도움이 될 것으로 기대된다.

② 교육방식, 학교와 가정의 요구사항과 기대에 대하여 교육과 거리가 먼 학부모와 어떻게 소통을 할 수 있는가의 질문을 고려하면서 적절한 전략을 설계한다.

(6) 교육과정영역 6: 직업생활로의 이행

1) 중심사상

학습자가 직업선택을 하는 과정에서 도움을 준다.

2) 학습영역

학부모와 학습자에 대한 뒷받침과 직업세계 관련자와의 협력

3) 능력

① 출신국가와 거주국가의 사회에서 근로와 직업의 의미와 중요성에 대한 인식
② 출신국가와 거주국가의 직업교육제도에 대한 인식
③ 학습자에게 직업과 관련된 전망을 보여줄 수 있는 전략에 대한 인식

4) 문제제기(다루어야 할 질문)

① 직업과 취업은 서로 다른 사회적 구조에서 어떤 사회문화적 가치를 지니고 있는가? 성별에 특정한 차이가 존재하는가?
② 직업교육의 영역에서 그리고 직업세계와 노동세계의 영역에서 출신국가와 거주국가 사이에 어떤 공통점과 차이점이 존재하는가?
③ 직업세계로 이행(移行)하는 과정에서 어떤 조치를 취해야 하는가? 학부모의 사고방식을 고려할 때 어떻게 하면 학습자가 스스로 직업선택을 하도록 도와줄 수 있는가? 어떤 조직과

기관이 이러한 과정에서 도움을 줄 수 있는가?

5) 표준과 근거

- 표준: 교사는 이주청소년의 출신국가와 거주국가에서 존재하는 직업세계와 노동세계, 그리고 직업교육의 모형·자원·문제에 대해 알아야 한다. 이러한 기초 위에서 비로소 학습자가 직업선택과 직업탐색의 전략을 모색하는 데 있어서 도와줄 수 있다.
- 근거: 교육과 거리가 먼 이주가정을 배경으로 갖고 있는 청소년은 나중에 일자리를 찾는 데 있어서 다른 청소년에 비해 더 어려운 상황에 처할 가능성이 많다. 따라서 청소년과 학부모를 뒷받침해 주고 직업세계의 관련자와 협력을 함으로써 직업선택을 하고 일자리를 확보하는 데 있어서 개별적인 전망을 열어주는 일이 교사의 과제에 속한다.

6) 방법

① 학부모 및 직업세계 관련자와의 접촉을 통하여 직업선택의 절차와 방식을 이주배경을 가진 청소년의 특정한 상황에 적응시킨다.

② 선정된 직업교육기관을 견학한다거나 직업생활로의 이행을 이미 성공적으로 완료한 청년과 접촉함으로써 학교에서 별로 성공적이지 못한 (이주)청소년을 위해 뒷받침해 줄 수 있는 전략을 개발한다.

••• 표 6-1 간문화능력을 위한 표준교육과정(요약)

	(1) 중심사상	(2) 학습영역	(3) 능력
교육과정 영역 1: 차이	학교와 사회에서 시민으로서 그리고 교직원으로서 적절하게 자리매김을 한다.	사회문화적 차이에 대한 근본적인 질문(문제)	① 사회체제 내에서 그리고 사회체제 사이에서 사회문화적 공통점과 차이점에 대한 감수성 개발 ② 그러한 차이의 상대화, 그리고 세계화과정의 역학 및 가치와 규범의 다원화에 대한 인식
교육과정 영역 2: 소통과 인종차별 철폐	타자(낯선 자)와 함께 적절하게 상호작용할 수 있기 위하여 자기 자신에 대해 성찰한다.	간문화성의 심리사회적 측면, 인종차별철폐교육, 간문화소통	① 서로 다른 사회문화적 출신배경을 가진 사람들과 소통하고 서로 양해(이해)할 수 있는 능력 ② 차별과 인종차별주의의 예방, 갈등에 대한 건설적인 취급・해소
교육과정 영역 3: 교수법, 통합, 성공적인 학교생활	학생들을 수업에 통합시키고, 한편으로 지원(진흥・촉진)과 다른 한편으로 필요한 요구사항을 잘 운용함으로써 그들을 뒷받침해 준다.	성취도 향상과 성공적인 학교생활에 도움을 주기 위한 차원에서 이질성을 다루기 위한 교수법 관련 능력	① 성취도와 개별학습과정에 대한 파악・해석・평가・판단 ② 특별한 학급집단(구성원)의 전제조건에 대한 수업의 적응(조절) ③ 수업구상・설계에 있어서 다양성과 차이점에 대한 고려 ④ 모든 학습자의 사회통합이라는 관점에서 수업의 구성 ⑤ 팀을 통한 협력체제 구축과 학교발전계획에의 참여

교육과정 영역 4: 다중언어	모든 학습자의 다중언어(여러 나라말 사용)를 뒷받침한다.	다중언어에 대한 취급	① 다중언어 정체성을 강화하고, 학급에서 현존하는 언어를 위하여 수업을 개방할 수 있는 능력 ② 모국어교수법과 외국어교수법의 원칙에 따라 수업을 구성할 수 있는 능력 ③ 언어학습을 촉진하는 수업 구성능력
교육과정 영역 5: 학부모협력	학부모를 학교에서 이루어지는 일에 포함시킨다.	학부모와의 협력	① 서로 다른 출신배경을 가진 학부모와 협력할 수 있는 능력 ② 학부모를 위한 상담의 가능성에 대한 인식 ③ 구조적으로 불이익을 받는 사람들의 행위가능성과 참여권(공동결정권)의 장려
교육과정 영역 6: 직업생활로의 이행	학습자가 직업선택을 하는 과정에서 도움을 준다.	학부모와 학습자에 대한 뒷받침과 직업세계 관련자와의 협력	① 출신국가와 거주국가의 사회에서 근로와 직업의 의미와 중요성에 대한 인식 ② 출신국가와 거주국가의 직업교육제도에 대한 인식 ③ 학습자에게 직업과 관련된 전망을 보여줄 수 있는 전략에 대한 인식

|3| 간문화능력을 갖춘 교사전문성의 모습

독일교육부장관회의는 약 20년 전에 '학교에서의 간문화교육'이라는 주제에 대하여 권고사항을 담고 있는 문서에서 교육정책의 관점변경을 요구한 바 있다. 이 문서에 따르면, 학교에서는 앞으로 점점 더 차이에 대한 인지와 인정이 중요해지고 있으며, 간문화능력이 모든 아동과 청소년이 갖추어야 할 기본적인 능력이며, 이 능력은 궁극적으로 건설적인 공존과 협력을 지향하고 있다(KMK, 1996; Bender-Szymanski, 2010: 201 재인용).

그런데 이와 같은 권고사항을 실현하기 위해서는 교사 자신이 간문화능력을 갖추고 있어야 한다는 것을 이미 전제로 삼고 있다. 이러한 맥락에서 여기서는 간문화능력을 갖춘 교사의 특징이 무엇인가의 질문에 대하여, 그리고 어떤 조건이 이 기본적인 능력의 습득을 촉진하거나 방해하는가의 질문에 대하여 수행된 경험적인 연구결과의 일부분을 소개하고자 한다.

여기서 간문화능력이라는 개념을 사용할 때 이미 전제조건으로 가정하고 있는 인간상은 생애 전체에 걸쳐서 세계와 그 속에서의 경험을 이해하려고 시도하는 자기성찰적 주체 혹은 '해석적 인간(homo interpretans)', 즉 해석하고 의미를 부여하는 존재이다. 그리고 이 맥락에서 문화의 개념에는 사람들이 인간조건(conditio humana)으로서의 문화능력(Kulturfaehigkeit, cultural ability)을 기본적으로 갖추고 있다는 가정이 이미 내포되어 있다. 왜냐하면 이러한 문화능력이 있어야 비로소 (다른 문화적 해석·의미체제를 고려하면서) 새로운 경험을 (경우에 따라서는 민족적·국민적 경계를 넘어서서) 창의적으로 그리고 생산적으로 처리하고 가공할 수 있기 때문이다(Bender-Szymanski, 2010: 202).

이렇게 볼 때, 간문화능력의 개념은 문화에 결부된 인간이 자신이 지닌 문화능력의 잠재력을 이용하려는 끊임없는 노력이라고 정의할 수 있다. 이때 문화능력은 친숙하지 않은 것(낯선 것)에 대하여 단지 포용과 배제의 논리만 갖고 반응하지 않고, 기존의 민족적·국민적 경계를 넘어서서 새로운 경험을 창의적으로 처리하고 가공할 수도 있는 능력을 함축하고 있다. 그렇게 함으로써 개인적 수준과 제도적 수준에서 가능하면 모든 관점에 대한 심사숙고(비교형량)를 통하여 당사자(참여자)의 이해관계가 소중하게 다루어지는(즉, 누구에게 해를 입히지 않는) 조정(조절)으로 나아갈 수 있다(Bender-Szymanski, 2010: 204-205).

상기한 바와 같은 간문화능력의 개념규정과 함의에 기초를 두고, 경력이 얼마 안 된 교사를 대상으로 하여 수행한 경험적 연구결과 중 여기서는, 핵심적인 부분에 초점을 맞추어, 연구자가 도출한 12가지 명제를 제시하기로 한다(Bender-Szymanski, 2010: 208-226). 이를 통하여 서로 다른 문화와 관련된 해석·행위체제를 다루는 데 있어서 간문화능력의 함양·신장에 도움을 주는 특징이 무엇인가의 질문에 답할 수 있는 단서를 찾을 수 있을 것으로 기대하며, 또한 교사교육을 위한 함의를 도출하는 차원에서 교사전문성의 요소로서 간문화능력이 지닌 의미와 중요성을 다시 확인할 수 있을 것으로 기대한다.

① 간문화능력을 갖춘 교사는 이주배경을 가진 학습자를 상대하면서 자기가 속한 문화의 해석·행위유형(방식)과 구별되는

것을 동시에 고려할 수 있다.

② 간문화능력을 갖춘 교사는 문화화(문화적응)와 문화변용(문화접변)에 대한 자신의 주관적인 일상이론을 검토하고, 이것을 발달·학습·문화심리학의 지식과 비교해 보고, 자신이 설정한 목표(상호이해에 지향을 둔 목표)에 비추어볼 때 어긋나는 요소를 변화시킬 수 있다.

③ 간문화능력을 갖춘 교사는 타문화의 규범·규칙체제에 대하여 개방적인 태도를 취하기 위하여, 가능한 한 왜곡되지 않은 상황·갈등분석을 시도할 수 있다.

④ 간문화능력을 갖춘 교사는 자신이 속한 문화의 규범·규칙체제에 대하여 그리고 잠재적으로 타문화적인 규범·규칙체제에 대하여 비평적인 논의와 취급을 시도하기 위하여 자신이 당사자로서 경험한 것을 기회로 이용할 수 있다.

⑤ 간문화능력을 갖춘 교사는 주어진 상황에 대한 자기 자신의 해석에 대해 성찰하고, 경우에 따라서는 타문화의 준거를 포함할 수도 있는 대안적 해석을 모색할 수 있다.

⑥ 간문화능력을 갖춘 교사는 문화적 종속성이 작용하고 있는지의 여부와 그 정도에 대해 고려하면서 학습자의 행위에 대한 근거나 이유를 검토할 수 있다.

⑦ 간문화능력을 갖춘 교사는 물론 개별적인 일탈현상을 시야에서 놓치지 않으려고 주의하면서, 다른 문화적 지향을 갖고 있는 학습자의 행위에 대한 설명을 제공해 줄 수 있는 영역특정적 문화관련(즉, 영역에 특정하고 문화와 관련된) 해석·의미체제에 대하여 개방적인 태도를 취할 수 있다.

⑧ 간문화능력을 갖춘 교사는 자기가 갖고 있는 사고·가치판

단·행위의 문화종속성(문화에 결부된 상태)에 대해 성찰하고, 자기 자신이 현실에 대한 개별적인 해석자임을 인식하고, 경우에 따라서는 전형적인 표준, 상황을 초월하여 통하는 표준, 그리고 오랫동안 안정된 것으로 간주되는 문화적 표준에 대한 자신의 인지적 도식(스키마)을 해체하고, 문화체제들 사이의 공통점을 발견할 수 있다.

⑨ 간문화능력을 갖춘 교사는 성찰되지 않은 상태에서 자문화에서 당연한 것으로 간주되는 행위를 통하여, 그리고 다른 문화적 지향을 갖고 있는 학습자에 대하여 그러한 행위가 수반하는 귀결을 통하여, 문화와 관련된 갈등에 자기 자신도 역시 원인을 제공하지는 않았는지에 대해 검토할 수 있다.

⑩ 간문화능력을 갖춘 교사는 자신의 권리와 의무에 대해 알고 있으며, 자신의 책임을 회피하고 그렇게 함으로써 자신의 도덕적 신뢰성을 유지하기 위하여, 다른 문화적 지향을 갖고 있는 학습자에게 일방적으로 적응을 요구하는 행동을 정당화하고 있는 것은 아닌지의 여부에 대해 검토할 수 있다.

⑪ 간문화능력을 갖춘 교사는 가능하면 법적으로 보호받고 있는 교육적 자유의 여지, 법적 개념에 대한 해석의 가능성, 그리고 합법적인 재량의 여지를 활용할 수 있다. 이를 통하여 문화와 관련된 해석·행위유형(방식)을 명시적으로 고려하면서 상호이해에 지향을 두고 갈등을 해결할 수 있다. 또한 모든 관점에 대한 심사숙고(비교형량)를 거친 다음에 소중히 배려하는(누구에게 해를 입히지 않는) 이해관계의 조정(조절)을 보장하는 데 기여할 수 있다. 여기에 더하여, 일상적인 상례와 형식화된 규칙이 가능하면 모든 관련자(당사자와 참여자)를

소중히 배려하는 이해관계의 조정(조절)에 어긋날 경우에는, 그것에 대하여 비평해야 한다는 도덕적 의무를 지고 있다. 또한 소통과 협력의 형태를 지속적으로 개선시키는 데 나름대로 기여할 자세를 갖추고 있다.

⑫ 간문화능력을 갖춘 교사는 문화와 관련된 차이와 집단경험을 무시하거나 주제로 삼지 않을 경우 그것이 수반할 수 있는 부정적인 귀결에 대해서 의식하고 있으며, 문화적 차이를 무시하거나 주제로 삼지 않는다면 일리가 있는 그럴 듯한 근거나 이유를 댈 수 있다. 독백적인 자기검토(내부관점)가 충분하지 못하고 과중한 부담을 주는 경향이 있기 때문에, 문제의식이 있는 교사는 동료들과의 협력을 위해 노력할 것이며, 그들의 도움을 빌어, 즉 제3자의 외부관점을 동시에 고려하면서 매우 중요한 상황이나 어려운 상황에 대해 성찰적으로 대처할 것이다.

요 약

문화적 차이와 다양성을 안고 있는 다문화사회에서 차이나 격차를 확인하는 데 그치지 않기 위해서는 소통행위, 간문화대화, 간문화이해의 수준에서 능력의 함양과 신장을 필요로 한다. 이와 같은 기본적인 능력의 영역은 교육과정에 두루 반영되어야 하며, 교사교육과 교사연수의 과정에 결부되어야 한다. 여기서 교사교육을 위해 도출할 수 있는 귀결은 다문화적 학교상황에서 교사에게 필요한 자질과 능력에 초점을 맞추어 핵심적인 능력과 학습영역을 규정해야 한다는 것이다. 이러한 요구사항에 부응하기 위해서는 가능한 한 명백하게 범위와 한계를 설정한 표준과 더불어 이것에 해당하는 교육과정요소를 체계적으로 기술해야 한다. 이러한 배경과 맥락에서 출발하여, 이 장에서는 간문화능력을 위한 표준교육과정을 소개하고 있다. 여기서 소개하는 표준교육과정은 스위스 교육부에서 작성한 문서와 더불어 '간문화교사교육을 위한 유럽네트워크'에서 발간한 목록에 기반을 두고 작성되었으며, 습득해야 할 간문화능력을 통합적인 표준교육과정의 형태로 기술하고 있다. 여기에는 언어적·문화적 다양성의 차원에 적절하게 대비하기 위하여 오늘날 교사교육에서 충족시켜야 할 가장 중요한 요청사항과 기준이 통합되어 있다. 그동안 나온 평가결과에 기초할 때, 이중전략이 필요하다는 귀결이 도출되었다. 한편으로는 필수과정으로서 특정한 모듈이 제공되어야 하며, 다른 한편으로는 간문화교육학이나 간문화능력의 함양·신장을 위한 준거가 횡단으로 두루 걸쳐서, 즉 다른 모든 교육프로그램 요소로 마련되어야 할 것으로 기대가 되고 있다. 표준교육과정의 사례와 더불어, 이 장에서는 또한 간문화능력을 갖춘 교사전문성의 모습에 해당하는 사례도 소개하고 있다. 경력이 얼마 안 된 교사를 대상으로 하여 수행한 경험적 연구결과 중 여기서는 12가지 명제를 제시하고 있다. 이를 통하여 서로 다른 문화와 관련된 해석·행위체제를 다루는 데 있어서 간문화능력의 함양·신장에 도움을 주는 특징이 무엇인가의 질문에 답할 수 있는 단서를 찾을 수 있을 것으로 기대하며, 또한 교사교육을 위한 함의를 도출하는 차원에서 교사전문성의 요소로서 간문화능력이 지닌 의미와 중요성을 다시 확인할 수 있을 것으로 기대한다.

제 7 장

페기다(Pegida)의 빛과 그림자

제 7 장

페기다(Pegida)의 빛과 그림자

이 장에서는 2014년 10월부터 시작하여 지난 몇 개월 동안 독일사회의 통합 및 분열과 관련하여 지속적인 논쟁의 주제로 부상한 소위 페기다에 특별한 주의를 기울이면서, 이 현실적이고 구체적인 사례를 중심으로 하여 다문화사회가 안고 있는 근본적인 문제인 사회통합의 가능성과 한계에 대한 논의와 그 함의를 소개하는 데 주된 목적을 두고 있다. 여기서는 독일과 유럽의 지평을 넘어서서 세계 전역에서 많은 사람들이 싫든 좋든 글로벌 미디어를 통해 적지 않은 관심과 주의를 기울이게 된 페기다운동 혹은 페기다현상에 대하여 전문가들이 바라본 논평과 해석을 기술하는 데 중점을 두고자 한다. 페기다현상이 아직 현재진행형이라는 점을 감안하면서, 현재 시점(2015년 1월말)에서 이 주제와 관련된 일부 시사자료를 예시적 차원에서 선정한 다음, 가능하면 핵심적인 주요사항이라고 간주되는 부분을 요약하고 발췌하여 제시하고자 한다.

|1| 외국인혐오증 시위의 파장과 위협

2014년 10월부터 매주 월요일에 개최되었던 페기다시위에서는 '외국인은 나가라.(Auslaender raus)'와 같은 구호는 찾아볼 수 없었다. 그 대신 조직담당자들은 친절한 모습을 보여주기 위해 나름대로 애를 썼다. 독일국기, '우리는 국민이다.(Wir sind das Volk.)'라는 슬로건, 그리고 시위일정(월요일)은 25년 전에(즉, 1989년에) 구동독 정부를 무너뜨린 월요시위를 상기하도록 만들었다. 나름대로 전문성을 발휘하여 제작한 플래카드의 슬로건('우리 문화의 유지를 위하여'; '종교적 광신주의에 반대하며'; '독일 땅에서의 종교전쟁에 반대하며' 등)은 상당히 애매모호한 상태로 남아 있다. 조직담당자들은 가능하면 극우파와 거리를 유지하고자 했으며, '기독교와 유대교에 기반을 둔 서양문화'가 이슬람과 같은 외국문화의 과도한 영향을 받아 위험에 처할지도 모른다는 우려를 암시하고 있다. 이와 같은 맥락에서 이슬람과 이슬람주의를 구별하고 있으며, 또한 전쟁난민과 경제난민을 구분하고 있다. 하지만 여기서 무엇이 문제가 되고 무엇이 중요한 것인지 누구나 금방 알아차릴 수 있다. 이슬람주의자는 무슬림을 나타내며 경제난민은 난민을 나타낸다. 결국 두 가지 모두 외국인을 가리키는 코드인 것이다(Stute, 2014b: 1).

이러한 처방은 상당한 성공을 거두었다. 드레스덴에서 2014년 10월 20일에 첫 번째 시위가 개최되었을 때에는 참가자가 수백 명에 불과했다. 그 다음에는 참여자의 수가 계속 늘어났으며, 경찰추산에 따르면, 12월 1일에는 7,500명에 달하게 되었으며, 12월 22일에는 17,500명으로 늘어났다. 물론 시위에는 도시에서 이미 많이 알려진 신나치주의자, 훌리건, 로크족(폭주족)을 확인할 수 있었다. 그러나 이와 동시에 다른 보통 시민들도 많이 관찰할 수 있었는데, 이들은 이슬람주의자들의 테러에 관한 보도나 아니면 새로 마련된 난민숙소에 대한 막연하고 확산적인 불안으로 인하여 불만을 갖게 된 사람들이다. 다시 말하면, 페기다 시위대는 인종차별주의의 이데올로기를 갖고 있는 일부, 그리고 이주·난민정책에 대해 불만을 갖게 된 다른 많은 시민들의 혼합으로 간주할 수 있다 (Stute, 2014b: 1).

그동안 다른 도시에서 페기다의 개념을 모방하려는 시도가 있었다. 예를 들면, 켐니츠(Chemnitz: 구동독의 Karl-Marx-Stadt)에서는 이슬람혐오증 혹은 반(反)이슬람 성향을 갖고 있는 시위자들이 11월 말에 약 400명의 사람들을 시위에 끌어들일 수 있었다. 이에 대항하는 반대시위의 규모도 이와 비슷했다고 한다. 한편 카셀(Kassel)에서는 12월 초에 약 80명의 시위대가 500명의 반대시위대에 직면해 시위를 중단했다. 카셀의 카기다(Kagida) 이외에 그동안 페기다의 분파로서 바이에른(Bayern)의 바기다(Bagida), 본(Bonn)의 보기다(Bogida), 다름슈타트(Darmstadt)의 다기다(Dagida), 뒤셀도르프(Duesseldorf)의 뒤기다(Duegida), 쾰른(Koeln)의 쾨기다(Koegida), 라이프치히(Leipzig)의 레기다(Legida), 뷔르츠부르크(Wuerzburg)의 뷔기다(Wuegida), 마그데부르크(Magdeburg)의 마기다(Magida)가 등장하였다(Stute, 2014b: 1; "Patriotische...", 2014: 2; "Tausende...", 2015, 1-2).

그런데 드레스덴의 동원개념을 다른 곳에서도 쉽게 복사할 수 있을지의 여부는 많은 전문가들의 관심사이기도 하다. 어쨌든 드레스덴에서의 운동은 몇 가지 특수성을 보여주고 있다. 우선 시위의 배후에는 일단 신나치의 구조가 놓여 있지 않은 것으로 보인다. 그동안 극우파의 동향을 추적해 왔던 작센(Sachsen)주 문화국의 슈타로스타(Danilo Starosta)에 따르면, 그때까지 정치적으로 별로 눈에 띄지 않았던 조직담당자들이 처음에 페기다집회를 준비할 때에는 주로 주위의 사회적 환경에서 사람들을 동원했다고 한다. 그들은 대개 경제적으로 이러저러한 걱정거리를 안고 있는 소상인이나 보통의 사람들이었으며, 그 다음 후속시위에서 점점 더 조직화된 신나치주의자들이 부분적으로 관여하기 시작했다고 한다(Stute, 2014b: 2).

빌레펠트(Bielefeld) 소재 간학문적 갈등폭력연구소의 소장인 칙(Andreas Zick)에 따르면, 새로운 페기다운동이 드레스덴에서 형성된 것은 우연의 일이 아니다. 제2차 세계대전 중 발생했던 드레스덴 폭격의 연례 기념일에 신나치의 행진이 상당히 오랫동안 있어왔다. 그동안 그러한 행진운동에 대한 저지가 이루어졌는데, 이제 와서 그 빈틈을 통해 새로 형성된 것은 다름 아니라 시민적·우익포퓰리즘적 운동이라는 것이다. 이 운동은 단순히 극우파로 낙인찍어 공격할 수가 없기 때문에, 그것에 반대하면서 저항하기가 훨씬 더 어려워지게 되었다. 물론 12월 1일 페기다시위의 행진을 중단시키는 데 반대시위가 성공을 거두었지만, 반대시위 참여자가 천명 정도라는 점을 감안할 때 규모에서 상당히 밀리는 모습을 보여주었다.

그동안 소수집단에 대한 적대감 혹은 혐오증에 관한 연구를 수행하고 있는 갈등폭력연구소의 연구결과에 따르면, 명백한 극우적인 태도는 줄어드는 경향이 있긴 하지만, 다른 한편으로 이와 동시에 중산층을 중심으로 하여 비교적 안정된 집단이 존재하며, 이들은 이주에 대해 상당히 강한 반감을 갖고 있으며 맹목적 애국주의의 태도를 갖고 있다. 그런데 페기다운동은 연방 수준에서 폭넓게 파급효과를 가져올 수 있는 잠재력을 갖고 있다. 그 배경적 요인으로는 독일국민의 25% 정도가 우익 포퓰리즘의 아이디어에 넘어가기 쉬운 상태에 놓여 있다는 점을 들 수 있다(Stute, 2014b: 2).

드레스덴의 경우와는 달리 뒤셀도르프 및 다른 도시에서는 조직화된 극우파가 명백히 저항운동의 배후에 있는 것으로 전문가들은 추정하고 있다. 보도에 따르면, 뒤기다(Duegida) 배후에는 우익 보수정당인 독일대안정당(AfD) 소속이면서 극우성향을 갖고 있는 변호사가 있다고 하며, 최근에는 하노버(Hannover)에서 신나치와 훌리건이 벌인 시위에도 그가 등장했다고 한다. 뒤셀도르프에서 극우파에 대한 연구를 수행하고 있는 호이슬러(Alexander Haeusler)가 지적한 바에 따르면, 뒤셀도르프에서의 시위는 특히 극우성향이 있는 정치적 스펙트럼에서 인기가 있는 것으로 보인다. 공화주의자당(Republikaner), 신나치집단, 그리고 분파소수당인 우파(Die Rechte)와 같은 정당이 추종자들을 뒤셀도르프의 시위에 동원했다고 한다.

그러나 바로 이것은 많은 잠재적인 참여자들을 겁나게 하거나 놀라게 할 수도 있다. 호이슬러의 언급에 따르면, 이슬람혐오증이라는 의미에서 적대적인 심상인 이슬람을 갖고 대중적인 파급효과를 성공적으로 추구하기 위해서는 노골적인 극우주의와의 결합을 피하는 방안이 더 현명한 것처럼 보인다. 결국 외관상으로는 적어도 시민적이고 진지한 것 같은 태도와 행동을 보여주어야 더 호응을 얻을 수 있을 것이다(Stute, 2014b: 2).

|2| 정당 및 정치가에 대한 불쾌감의 표현

드레스덴대학교의 정치학자 파첼트(Werner Patzelt)는 독일파(DW)와의 인터뷰를 통해 페기다현상에 대하여 다음과 같이 설명하였다.

① • 질문: 페기다라는 개념을 기치로 하여 시위자들이 두려워하는 소위 '서양의 이슬람화'에 반대한다는 것을 보여주기 위하여 드레스덴에서 2014년 12월 22일(월)에 17,500명이 거리로 나섰다. 여기에 대항하는 시위에 참여한 사람들의 수는 4,500명 정도에 달하였다고 한다. 하지만 뮌헨과 본에서는 페기다에 반대하는 시위자의 수가 다수를 차지하였다. 동독과 서독의 도시 사이에서 관찰할 수 있는 이와 같은 차이를 어떻게 설명할 것인가?

• 답변: 이러한 구분은 나의 명제를 다시 확인시켜주고 있다. 페기다의 일반적인 관심사, 즉 우리의 이주정책과 다른 많은 사항에 대한 불쾌감을 표출하고자 하는 것은 동독지방과 서독지방 모두에 해당하는 일이다. 그러나 서독지방과 비교해 볼 때 동독지방에 더 특징적인 점을 지적하자면, 드레스덴에서는 이 관심사 뒤에 보통사람들이 상당히 많이 참여하고 있다는 것이다. 이와 대조적으로 서독지방에서는 특히 극우파 혹은 극단적 우익이 주로 참여하고 있다. 그리고 바로 그렇기 때문에 드레스덴과 비교할 때 서독지방의 도시에서는 페기다에 반대하는 시위에 동참하자는 촉구가 더 설득력이 있다고 볼 수 있다(Hamann, 2014: 1).

② • 질문: 예를 들면 보기다(Bogida: 본의 페기다 분파)와 같은 서

독의 페기다운동에 비추어볼 때, 동독의 페기다시위가 어떤 점에서 구별되는가?

• 답변: 드레스덴에서는 사실상 일련의 극우파 이외에 보통 주민의 일부가 거리로 나서고 있다. 젊은 성인과 연금수령자, 중간계층과 하층주민, 교육을 많이 받은 시민과 단순한 교육을 받은 시민을 가리지 않고 모두가 포함되어 있다. 정치적 중도파에서 극우파에 걸치는 사람들이 동참하고 있다. 근본적으로 말해서 그것은 정치가에 대하여 불쾌감을 갖고 있는 사람들이 표출하고 있는 국민운동이다. 여기에는 또한 '시위관광'의 차원에서 독일의 다른 곳에서 온 사람들을 추가로 포함시킬 수 있다(Hamann, 2014: 1).

③ • 질문: 본에서 페기다의 이름 아래 극우파도 역시 저항하고 있다는 점을 어떻게 평가할 수 있으며, 그것이 드레스덴의 페기다에 어떻게 영향을 줄 것인가?

• 답변: 끊임없는 이주로 인한 걱정과 염려, 이슬람 평행사회로 인한 두려움은 독일에서 우익이 늘 내세우기 좋아하는 사안으로 남아 있다. 바로 그렇기 때문에 시위에 참여한 우익이 그러한 주제에 이끌리는 것은 그렇게 놀랄 일이 아니다. 그리고 보통의 다른 사람들이 어떤 이유에서든 관계없이 동참하지 않을 경우, 우파는 자기들 나름대로 힘을 모으곤 한다. 드레스덴에서는 물론 자유주의자들과 좌파에 속하는 사람들이 페기다에 동참하지 않고 있다. 하지만 결사의 자유에 비추어볼 때 배제시킬 수 없는 약 500명에 달하는 극우파에 더하여 드레스덴에서는 추가로 다른 보통 사람들이 동참하고 있다. 게다가 페기다의 조직은 그들이 주최하는 행사를 극우파가 가로채지 않도록 하는 데 있어서 처음부터 성공적인 시도를 보여주고 있다. 행사의 질서를 유지하는 담당자들

은 극우파의 플래카드를 보여주거나 아니면 극우파의 구호를 외치려고 시도하는 시위참가자에 대하여 실행에 옮기지 못하도록 단호한 태도를 취하고 있다. 따라서 드레스덴에서 발생하고 있는 새로운 월요시위에서는 극우파의 노골적인 구호가 적어도 겉으로는 드러나지 않고 있다. 그리고 일부 극우파에 더하여 다른 보통의 사람들이 이 행사에 참여하고 있기 때문에, 페기다시위가 그렇게 많은 사람들을 끌어들일 수 있었다(Hamann, 2014: 1-2).

④ • 질문: 여러 정치가들이 시위자들의 주장을 진지하게 다루어야 할 필요가 있음을 강조하고 있다. 만약에 그럴 경우 외국인에 적대적인 입장을 표출하는 데 있어서 극우파에 속한 사람들에게 오히려 더 많은 빌미를 제공하지 않을 것인가?

• 답변: 독일과 같은 자유민주국가에서는 잘못되거나 무의미한 것 혹은 예의에 벗어난 것이라 할지라도 누구나 말할 수 있는 권리가 있다는 전제에서 출발해야 할 것이다. 소통을 하는 데 있어서 늘 선량한 사람의 모습을 취해야 한다는 의무는 없다. 하지만 대부분의 여론형성자와 정치가의 생각에 따를 경우, 공론장에서 정치에 대해 이성적이고 정치적으로 올바른 것(즉, 약자에 대한 배려)만을 말해야 한다는 원칙이 그동안 정착되었다. 그리고 심지어는 해야 할 것(명령)과 하지 말아야 할 것(금지)을 제대로 지킨다면 바보스럽거나 무의미한 정치적 견해는 자연스럽게 사라질 것이라는 희망을 많은 사람들이 갖고 있다. 그러나 문제는 그러한 견해가 사라지지 않고 있다는 것이다. 단지 소통의 과정에서 잘 보이지 않는 구석으로 밀려날 뿐이며, 따라서 공격할 수 없는 상태로 남아 있기 쉽다. 그리고 페기다와 같은 키워드가 많은 사람들의 정곡을 찌를 경우 그러한 견해가 다시금 큰 힘을 얻으면서 수면 위

로 부상하는 것이다.

게다가 시위에 참여한 대부분의 보통 사람들은 이주나 문화변동과 같이 상당히 복합적인 사안에 대하여 정치적 올바름(약자에 대한 배려)의 측면에서 적절하게 말할 수 있는 능력을 갖추었다고 보기 어렵다. 즉, 주의 깊게 선정된 개념이나 분화된 개념 혹은 다른 사람의 기분을 상하지 않도록 하는 개념을 갖고 이야기하는 데 익숙하다고 볼 수 없다. 그들은 오히려 직장이나 친구관계에서 사용되는 유행어나 상투어를 거침없이 사용하는 경향이 있다. 이와는 대조적으로 정치적으로 올바른 담론을 지키고자 하는 감시자들은 그들이 힘을 행사할 수 있는 곳, 즉 미디어 공론장과 정치영역에서 그러한 종류의 말투를 억누르고자 한다.

그러나 페기다시위에서 정치적 올바름의 담론 감시자들은 권력을 행사하기 힘들다. 왜냐하면 거기서는 보통의 소박한 사람들이 단지 그들의 존재감을 보여주고, 스스로 규정한 이해관계를 보여주기 위한 목적으로 모인 것이기 때문이다. 다시 말하면, 시위를 통하여 다소 건전한 국민감정이나 아니면 다소 건전하지 못한 국민감정을 표출하고 있는 것이다. 그리고 바로 여기에 문제의 핵심이 놓여 있다. 그동안 우리는 보통의 일반적인 사람들이 말하고 생각하는 방식의 상당 부분이 적절하게 반영되지 못하도록 공공적인 담론을 구성해 왔다고 볼 수 있다. 바로 그렇기 때문에 적어도 일반 국민의 관점에서 바라볼 때, 자신들의 관심사와 이해관계가 정당과 정치가들에 의해 제대로 반영되거나 대변되지 못한다고 느낀다면, 그것도 그렇게 놀랄 일이 아니다. 또한 그동안 좌파의 입장이 상당 부분 정책에 반영되는 경향을 보이고, 심지어 중도우파의 보수적 국민정당이었던 기민당(CDU)이 좌를 향한 입장의 변화를 시도하면서 우익의 주변부에서 큰 빈틈이 발생하게 되었다.

이전에는 외국인혐오증을 노골적으로 드러낸 여러 극우정당(공화주의자당(Republikaner), 독일국민연합(DVU), 독일민족민주당(NPD))이 나름대로 이 빈 공간을 채웠다. 하지만 최근에는 보다 더 진지하고 신사적인 모습을 갖고 등장한 독일대안정당(AfD)이 그 빈틈을 채우려는 경향이 있으며 일부 주에서 상당한 성공을 거두면서 주정부의 의석을 확보하게 되었다. 하지만 아직은 비(非)극우적인 페기다 시위자들과 분명하게 협력관계나 연대를 성사시킨 것은 아니다. 어쨌든 페기다시위의 규모에 비추어볼 때, 그리고 시민의 선호도에 비추어볼 때, 기존의 정당체제가 명백히 좌측으로 방향을 선회한 것으로 보이며, 정치적 견해의 한계 측면에서 바라볼 때 받아들일 수 있는 정치적 진술의 스펙트럼도 역시 좌측으로 더 옮겨간 것으로 보인다. 결국 정당 및 정치가에 대한 불쾌감의 핵심적인 원인을 정확하게 인식해야 비로소 소위 페기다현상을 적절하게 이해할 수 있을 것이다(Hamann, 2014: 2-3).

|3| 불안한 사회(신경과민사회)의 산물

다름슈타트공과대학교의 사회학자인 나흐트바이(Oliver Nachtwey)는 독일파(DW)와의 인터뷰에서 페기다현상에 대한 질문에 대하여 다음과 같이 설명하였다.

① • 질문: 몇 주 전만해도 외국인혐오증의 성향을 보이는 페기다는 페이스북에서 결성된 작은 집단이었다. 하지만 12월에 들어

와 1만 명 이상을 동원하였다. 이것을 어떻게 설명할 수 있는가?

• 답변: 두 가지 설명이 가능하며 이 두 가지 설명은 서로 보완관계에 놓여 있다. 한 가지 설명에 따르면, 서양의 가치에 대한 우려를 근거로 내세우면서 무슬림에 반대하는 새로운 인종차별주의가 사회의 한가운데에 존재한다. 이것은 불안한 사회 혹은 신경과민사회의 산물이다. 여기서 사회적 상승의 가능성은 더 줄어들고, 사람들은 도처에서 투쟁과 경쟁이 지배하고 있다는 느낌을 갖고 있다. 그리고 여기서 생기는 불만이나 불쾌감은 종종 체제를 향해 표출되지 않고, 오히려 타자 혹은 외국인에 대한 반감이나 증오심으로 표출되는 경향이 있다. 이런 경향은 정치권에서도 역시 관찰할 수 있다. 예를 들면, 2014년 12월 초에 기사당(CSU)은 사회통합을 강화하는 차원에서 외국인이 집에서 자신의 원래 모국어가 아니라 독일어로 말을 해야 한다는 제안을 내세워 논란의 불씨를 제공한 적이 있다. 다른 설명방식에 따르면, 정당 및 다른 큰 조직이나 단체가 국민을 더 이상 실제로 대변하지 못한다. 불안을 표출하기 위한 통로가 상실되었기 때문에, 밑에서부터 저항운동이 돌발적으로 등장하게 된다. 좌파에서 등장한 보기로는 점거운동(Occupy)을 들 수 있으며, 우파에서 등장한 보기로는 다름 아니라 한창 지금 논란의 중심에 놓여 있는 페기다운동을 들 수 있다(Stute, 2014c: 1).

② • 질문: 작센주 주지사인 틸리히(Stanislaw Tillich)는 페기다시위 추종자들과의 대화를 촉구하였다. 이에 대해 어떻게 생각하는가?

• 답변: 반감이나 증오심을 갖고 있는 사람들과 대화를 탐색하는 일은 상당히 어렵다고 생각한다. 거기서 제기되는 주장에 맞서야 하며, 공공적으로 비판을 해야 한다. 즉, 계몽활동을 추진하지

않으면 안 된다. 그러나 '우리는 대화를 원한다.'고 하면서 페기다의 가치를 절상하는 것은 그릇된 일이라고 본다. 페기다를 주도하는 사람이 이미 범죄경력이 있고 실패한 졸부라는 점을 고려할 때, 반감과 증오심이 사회의 한가운데까지 동원될 수 있는 이와 같은 사회에 도대체 어떤 위험이 도사리고 있는 것인가 하는 질문을 제기하지 않으면 안 된다. 시민사회의 수단은 이중적인 것이어야 한다. 즉, 한편으로 페기다행진을 적극적으로 막고 그것에 적극적으로 대결하는 일이며, 다른 한편으로 이슬람에 대한 반감·증오심에 대해 대항조치를 더 강력하게 취하고 거기에 대하여 더 이상 관용을 베풀지 않도록 하기 위한 공공적 담론을 전개하는 일이다 (Stute, 2014c: 2).

|4| 페기다와 이슬람

페기다는 단지 하나의 라벨이며, 그 이상도 그 이하도 아닌 것이다. 페기다는 페기다시위 그 자체, 호게자(Hogesa: Hooligans gegen Salafisten, 잘라피스트(이슬람주의의 한 분파)에 대항하는 훌리건), 독일대안정당(AfD), 그리고 기독교적 서양의 가치공동체를 강조하는 바이에른(Bayern)주 기사당(CSU)의 전당대회 등을 훨씬 넘어서서 광범위하게 벌어지고 있는 운동을 상징적으로 표현하는 라벨이다. 그 전체를 어떤 명칭으로 부르든 관계없이, 더 중요한 점은 아무도 전적으로 부인할 수 없는 엄연한 사실, 즉 독일에서 오늘날 많은 사람들이 이슬람에 대하여 불안감을 갖고 있다는 것이다.

그것은 어쩐지 편안하지 못한 감정으로서 상당히 막연하면서도 확산적인 감정, 구체적이지 못한 감정이다. 그 배경에는 다음에 열거하는 여러 가지 사건과 주제의 혼합이 놓여 있다. 9·11 국제테러, 이슬람주의자들의 테러에 대한 불안, 히잡(두건)과 부르카를 둘러싼 토론과 논쟁, 이슬람국가(IS)의 과격성, 성전의 투사로서 이슬람국가로 넘어간 독일 거주 무슬림, 이슬람국가의 세력이 준동하고 있는 나라에서 독일로 들어온 적지 않은 수의 난민, 그리고 지속적인 관심사로서 도대체 무슬림이 많은 터키가 지금 유럽연합에 사실상 속하는 것인지 아닌지에 대한 문제 등에서 상기한 바와 같이 그렇게 편안하지 못한 감정이 생겨나고 있는 것이다(Heinrich, 2014: 1).

(1) 모슬렘은 모슬렘이다.

많은 사람들이 상기한 사항과 관련하여 어떻게 대처해야 할 것인지 상당한 부담을 느끼고 있다. 정치영역과 미디어분야에서 활동하는 여론형성자들과는 대조적으로 대부분의 보통 사람들은 이슬람 내에 존재하는 경향과 흐름에 대하여 분화된 사고를 하는 데 어려움을 갖고 있다. 그들에게 모슬렘(회교도)은 그냥 모슬렘일 뿐이다. 그런데 언론도 역시 그러한 불편한 감정을 강화시키는 데 상당 부분 기여하고 있다. 구체적인 세부내용이 알려지기 이전에 이미 열을 내면서 보도가 쏟아지고 있으며, 별로 분화되지 않은 상태에서, 예를 들면 성전, 성전전사, 이슬람주의자와 같은 이미 잘 알려진 상투어가 반복해서 사용되고 있다(Heinrich, 2014: 1).

(2) 목표 지향적 도발과 그 효과

여기에 더하여 소위 샤리아경찰(Scharia-Polizei)의 역할을 떠맡아 부퍼탈(Wuppertal)의 시내를 돌아다니면서 이슬람에 동조적인 복장을 갖추도록 유도하고 있는 청년들에 대한 보도가 나온 적도 있다. 이와 같은 보도를 접하면서 보통 시민들은 이슬람에 대하여 별로 좋지 않은 인상을 가질 수 있다. 물론 샤리아경찰의 사례보다는 정도가 덜하지만, 무슬림 소녀가 베를린 소재 어느 해수욕장에서 비키니를 입고 물에 뛰어들거나 아니면 카프탄(터키인의 긴 웃옷)을 걸치고 수염을 기른 남자들이 쾰른의 지하철에서 알라에게 예배를 들이는 장면을 목격한 사람들은 다소 낯설거나 어색한 감정을 느낄 수도 있다.

독일에서 문제는 공론장에서 많은 사람들의 우려와 걱정에 대하여 언급할 만한 토론이 존재하지 않는다는 것이다. 그리고 이 사람들은 더 이상 진지하게 받아들여지지 않는다고 느낀다. 그 대신 정치권에서는 속단과 비난이 쏟아진다. 여기에 해당하는 최근의 보기로는 연방법무장관인 마스(Heiko Mass)의 언급을 들 수 있다. 그는 드레스덴의 저항운동을 '독일이 부끄러워해야 할 일'이라고 지칭하였다. 이런 방식으로 페기다운동을 간단히 치부해 버린다면, 그것은 배제 혹은 배척을 하는 차원에서 위험한 신호를 보내는 것이며, 결국 이 주제에 대한 이해가 상당히 부족하다는 점을 반증하는 것이다(Heinrich, 2014: 1-2).

(3) 우려와 불안이 현존하고 있다.

드레스덴에서 벌어지고 있는 시위에는 극우파도 역시 동참하고 있다는 점에 대해서는 의문의 여지가 없다. 그러나 페기다와 같은 운동은 그동안 모든 정치적 진영과 계층에서 사람들을 끌어들이고 있다. 그 모든 운동은 대중현상의 일부분인 것이다. 완벽하게 연출되고 조직화된 소수 극우파의 일부분이 아니라, 상당히 많은 독일인의 일부가 안고 있는 우려와 불안에 관한 토의를 상징적으로 부각시키는 것이다. 이러한 우려와 불안은 일상생활의 여러 분야에서 이미 여러 번 반복해서 표출되고 있다. 그리고 점점 더 많은 시민들이 그것이 혼자만의 생각이 아니라는 점을 지적하고 있다.

따라서 그러한 우려와 불안을 부인한다거나 아니면 페기다 시위자들을 일방적으로 비방하거나 매도한다고 해서 거리로 나선 사람들의 마음과 생각을 쉽게 바꿀 수는 없다. 그 정반대로, 정치가 시민들과 얼마나 거리가 먼 것인가를 보여주는 것에 불과하며, 사람들을 결국 극우파의 선동에 더 많이 노출시키게 될 것이다 (Heinrich, 2014: 2).

|5| 글로벌 현상의 하나

유럽연합의회 의원인 펠트(Sophie in't Veld)는 독일파(DW)와의 인터뷰에서 페기다현상에 대하여 다음과 같이 설명하였다.

① • 질문: 페기다에 참여한 사람들은 스스로를 단지 독일의 애

국자가 아니라 유럽의 애국자라고 부른다. 페기다가 얼마나 유럽적인가 아니면 얼마나 독일에 특정한 것인가?

• 답변: 나는 명칭의 선정에 놀랐다. 지방적 수준에서 일어나는 다양한 종류의 운동 중에는 유럽적이라는 개념을 사용하지 않는 것이 상당히 많이 있다. 페기다운동이 전달하고자 하는 메시지는 유럽의 도처에서 그리고 미국에서도 역시 관찰할 수 있기 때문에, 메시지 그 자체가 놀라운 일은 아니다. 우리를 더 놀라게 하는 것은 다름 아니라 그러한 운동이 독일에서 발생했다는 점이다. 독일은 적어도 그러한 경향에 대하여 면역력을 갖추고 있으며, 이 사안에 관한 한 상당한 정도의 금기사항이 남아 있기 때문에, 독일에서 그러한 일이 가능할 것이라고는 생각하지 못했던 것이다. 따라서 이제 우리를 새삼스럽게 각성시키는 일이 발생했다고 볼 수 있다(Hasselbach, 2014: 1).

② • 질문: 네덜란드나 다른 유럽국가에서 이와 유사한 운동을 관찰할 수 있는가?

• 답변: 여러 나라에서 그러한 운동이 서로 다른 형태를 띠면서 발생하고 있다. 그러나 핵심적인 메시지는 어디서나 마찬가지이다. 즉, 방향성 측면에서 바라볼 때, 이주와 세계화에 반대하고 있으며, 유럽연합에 반대하고 있으며, 더 근본적인 수준에서 현대사회의 변화에 반대하고 있다. 덧붙여 말하자면, 미국에서도 이와 매우 유사한 토론과 논쟁이 존재한다. 페기다운동과 같은 현상은 우선적으로 유럽연합에 대한 불만과 밀접한 관련이 있는 것으로 생각하기 쉽다. 그러나 더 근본적인 수준에서 바라볼 때, 여기서는 세계에서 일어나고 있는 급격한 지정학적인 변화에 대한 두려움, 혁명적인 정보기술의 변화에 대한 두려움이 중요한 문제로 남아

있다. 상당히 광범위하고 빠른 변화에 대하여 많은 사람들이 불안을 느끼고 있다. 페기다현상은 이와 같은 불안과 두려움에서 나온 반작용이라고 간주할 수 있다(Hasselbach, 2014: 1).

③ • 질문: 메시지가 여러 가지 다른 형태로 나타난다고 했는데, 그렇다면 다른 여러 나라에서 정당(보기: 영국의 영국독립당(UKIP), 프랑스의 국민전선(FN), 네덜란드의 자민당(자유민주국민당))이 그러한 메시지를 대변하고 있다고 생각하는가?

• 답변: 그렇다. 여러 나라에서 그러한 현상이 나타나고 있다. 그러나 예를 들면 미국에서의 티파티(Tea Party)운동은 물론 정당은 아니다. 하지만 메시지가 전달되는 방식과 운동의 구조가 다르다고 하더라도 메시지와 그 기반이 되는 감정은 상당히 같다고 볼 수 있다(Hasselbach, 2014: 2).

④ • 질문: 유럽의 도처에서 만나게 되는 이와 같은 감정, 즉 우리가 사는 곳에 이슬람이 넘쳐흐르거나 아니면 난민이 넘쳐흐를 것이라는 우려가 얼마나 위험한 것인가?

• 답변: 어쨌든 그러한 감정과 우려는 위험하다. 그러나 실제적인 문제는 이주 그 자체가 아니라, 오히려 사람들의 두려움이 이주에 대한 저항이나 반대로 표출되고 있다는 것이다. 독일의 동부지방에서 관찰할 수 있는 페기다행진의 대부분은 사실상 무슬림이 별로 살지 않는 곳에서 발생하고 있다. 그렇다면 그들이 도대체 무엇에 대하여 저항하고 있는 것인가 하는 질문이 제기된다. 따라서 실제로는 완전히 다른 불안이 표현되고 있다는 점을 추론할 수 있다. 즉, 우리 세계가 겪고 있는 급격하고 근본적인 변화에 대한 불안이 중요한 요인으로 작용하고 있는 것으로 보인다. 또한 이 변화에 제대로 적응하지 못하고 실패하고 마는 사람들의 집단이

언제나 존재할 것이다. 우리는 사실상 유럽연합 바깥에서 많은 사람들이 우리를 향해 들어오고 있는 시대에 살고 있다. 그러나 이것이 우리가 안고 있는 문제의 근원은 아닌 것이다(Hasselbach, 2014: 2).

⑤ • 질문: 독일에서 정치가들이 페기다에 대하여 서로 매우 다른 반응을 보여주고 있다. 한편에서는 페기다 시위자들이 안고 있는 여러 가지 사안이 나름대로 정당한 측면이 있다고 간주하는 반면에, 다른 편에서는 페기다운동을 아주 나쁜 것이라고 낙인찍거나 매도하고 있다. 정치영역이 어떻게 반응해야 한다고 생각하는가?

• 답변: 우리는 페기다운동을 성급하게 나쁜 것이라고 낙인찍거나 매도해서는 안 될 것이다. 그러나 많은 독일의 정치가들이 시위자들에게 운동의 극우적인 부분과는 명백하게 거리를 유지해야 한다고 촉구하기도 하였다. 이것은 일단 올바른 일이라고 본다. 그러나 다른 한편에서 바라볼 때, 실제적인 우려와 걱정거리를 갖고 있는 사람들, 그리고 위에서 언급한 변화에 대하여 불안을 느끼는 사람들이 엄연히 존재한다. 그러한 우려와 불안이 이 페기다운동을 통해 표출되고 있으며, 이주에 반대하는 세력에 의해 현혹되고 있다. 따라서 일단 그러한 사람들의 우려와 불안을 진지하게 받아들일 필요가 있다. 그들에게 우려와 불안을 해소할 수 있는 대안도 제공해 주어야 한다. 그러나 절대 해서는 안 될 일이 있는데, 그것은 다름 아니라 그릇된 정치적 토론에 빠져드는 것이다. 우리는 명백하게 입장을 밝히지 않으면 안 된다. 즉, 우리는 이주에 대하여 개방되어 있으며, 이주를 필요로 한다는 점을 분명히 해야 한다. 게다가 난민과 망명신청자들에게 피난처를 제공해 주어야 한다면, 이와 관련된 공식적인 요구나 요청을 옹호하지 않으면 안

된다. 이것은 결코 문제시되어서는 안 된다. 그런데 중도노선을 걷고 있는 정치가들 중에는 분위기나 여론을 선거에서 자기편에 유리하게 이용할 수 있다고 생각하는 사람들이 적지 않다. 그러나 불안과 우려를 안고 있는 사람들의 분위기와 여론을 막기보다는 오히려 더 부채질하는 결과를 낳을 수도 있다. 이것은 정말 잘못된 답변이다. 따라서 한편으로는 사람들이 안고 있는 정당한 우려와 고민거리에 대하여 진정한 해결방안을 제공해야 하지만, 다른 한편으로는 결코 포퓰리즘적인 반(反)이주토론에 섣불리 동참해서는 안 될 것이다(Hasselbach, 2014: 2).

|6| 불만을 표출하기 위한 출구

페기다운동은 여러 주에 걸쳐서 이른바 서양의 이슬람화라는 위협적인 현상에 반대하는 저항운동으로 알려져 있다. 하지만 드레스덴에서 대부분의 시위자에게는 이 주제가 본래 일차적으로 중요한 관심사가 아닌 것으로 보인다.

드레스덴에서 페기다 시위자의 다수는 이슬람에 반대하는 것이 아니라 오히려 정치에 대한 불만을 표출하기 위하여 거리로 나선다는 진단이 내려지고 있다. 이것은 페기다 추종자에 대한 일차적인 경험적 조사연구에서 나온 결과이다. 드레스덴공과대학교의 정치학자인 포아랜더(Hans Vorlaender) 교수가 주도하고 있는 연구팀은 2014년 12월과 2015년 1월에 개최된 세 번의 월요시위에서 400명 정도의 시위참가자를 대상으로 설문조사를 실시하였다.

설문조사에 응한 사람들 중 25%에 못 미치는 사람들이 시위에 참가한 동기로서 이슬람, 이슬람주의 혹은 이슬람화를 거론하였다. 페기다시위에 참가한 일차적인 주요동기는 정치에 대한 일반적인 불만이며, 두 번째로 거론된 동기는 미디어와 공론장에 대한 비판이다. 그 다음 세 번째 동기로서 거론된 것이 이주자와 망명신청자에 대한 기본적인 반감이나 부정적 감정이다. 이때 특히 무슬림 또는 이슬람에 대한 의구심이 강하게 나타나고 있다.

그동안 거의 매주 월요일마다 드레스덴에서 개최되었던 반(反)이슬람운동의 시위에는 수천 명에 달하는 사람들이 참가하였다. 작센주의 수도인 드레스덴시에서 2015년 1월 12일 월요일 저녁에 개최된 제12차 시위(이른바 '산보')에는 25,000명이 참가했는데, 이것은 그동안의 기록을 깬 가장 많은 수에 해당한다. 하지만 이와 동시에 독일의 다른 여러 도시에서는 페기다에 반대하는 수천 명의 사람들이 거리로 나섰다.

상기한 드레스덴공과대학교의 조사결과에 따르면, 페기다는 주로 작센주에 해당하는 현상이다. 설문조사에 응한 시위자의 36%가 드레스덴 및 그 교외에서 왔다는 진술을 했다. 이들을 제외하고 38%에 해당하는 다른 사람들은 작센주의 다른 곳에서 왔다고 한다. 다른 동독지방의 연방주에서 온 참가자의 수는 9%에 불과한 것으로 나타났다. 서독지방에서 원정 온 사람들의 수는 6%에 달하였다.

전형적인 페기다 시위자는 48세의 남성이며, 교육수준이 비교적 높은 사람이다. 작센주의 상태에 비추어볼 때 평균보다 약간 높은 소득수준을 보여주고 있다. 실업자 상태에 놓여 있거나 일자리를 구하고 있는 사람들의 수는 2%에 불과하다. 연금수령자가 차지하는 몫은 18%에 달한다. 거의 절반에 해당하는 사람들이 근로자(노동직 혹은 사무직)에 해당하며, 공무원은 거의 참가하지 않고 있다 (3%).

연구책임자의 의견에 따르면, 페기다시위는 이미 상당히 오래전부터 관찰되어온 진단, 즉 의회민주주의의 위기를 보여주는 증후군이다. 시민들은 직접 참여하고자 하는 열망과 욕구를 갖고 있다. 또한 이들은 자신들이 옳다고 여기는 것을 하나하나씩 구체적으로 실행에 옮겨야 한다는 생각도 갖고 있다. 하지만 그러한 과정은 첫째, 중장기적인 안목을 갖고 다루어야 한다는 점, 둘째 싫든 좋든 타협을 하지 않으면 안 된다는 점이 종종 간과되고 있다.

'우리가 국민이다.'라는 구호, 직접민주주의에 대한 촉구에서 추론할 수 있는 사항이지만, 설문조사에 응한 사람들은 의사형성과 의사결정의 복합적인 과정에 대한 현실적인 이해가 상당 부분 부족한 것으로 보인다. 오히려 국민의 소리를 듣고 직접 착수할 수 있는 강력한 지도자를 원하는 것으로 보인다. 시위에서 사람들이 들어 올린 어떤 플래카드에는 '푸틴(러시아 대통령)이여, 도와 달라' 라는 요구사항을 확인할 수 있는데, 바로 이러한 것이 강력한 지도자를 지향한 바람을 보여주는 증거라고 해석할 수 있다("Pegida - ein Ventil...", 2015: 1-2).

|7| 페기다 참여자의 구성과 동기

드레스덴공과대학교 포아랜더(Hans Vorlaender) 교수를 중심으로 한 페기다 연구팀은 페기다운동에 참여한 사람들이 도대체 누구이며 참여한 동기 혹은 배경적 요인이 무엇인가에 관한 문제의식을 갖고, 드레스덴의 페기다 시위현장에서, 여러 가지 제약요인이 있음에도 불구하고, 비교적 급하게 경험적 조사를 수행하였으며, 거기서 나온 잠정적인 연구결과를 제시하였다. 여기서는 2015년 1월 20일 현재 드레스덴공과대학교 홈페이지 자료실에 탑재된 연구결과의 일부를 발췌하여 소개하기로 한다(Vorlaender et al., 2015: 1-2).

페기다시위에 참여한 '전형적인' 사람의 모습을 간단명료하게 기술하자면, 대체로 중간계층에 속하며, 교육수준이 비교적 좋은 것으로 보이며, 직업에 종사하고 있으며, 작센주의 사회경제적 상태에 비추어볼 때 평균을 약간 넘어서는 소득수준에 놓여 있으며, 48세이며, 남성이며, 특정한 종교에 소속되어 있지 않으며, 특정한 정당에 결부되어 있지 않으며, 드레스덴(Dresden)시 혹은 작센(Sachsen)주 출신이다.

이것이 2015년 1월 14일 현재 기자회견의 틀 속에서 연구팀이 소개한 핵심적인 진술이다. 연구팀은 드레스덴의 페기다에 참여한 시위자의 구성에 대하여 처음으로 경험적 연구를 수행하였다. 여기서 약 400명의 참여자를 대상으로 하여 사회적·인구학적 통계의 특징과 더불어 참여 동기에 대한 설문조사를 실시하였다. 설문조사는 2014년 12월 22일(제10차 시위), 2015년 1월 5일(제11차 시위), 2015년 1월 12일(제12차 시위)에 이루어졌다. 설문조사와 관련하여 처음에 접촉을 한 약 1,200명의 참가자 중 약 65%에 해당하는 사람들은 설문조사에 응하기를 거부하였다.

조사결과는 특기할 만한 사항을 포함하고 있으며, 페기다 추종자의 관심사와 사회적 배경에 대한 그동안의 공공적인 가정(假定)과 어긋나는 사항을 부분적으로 보여주고 있다. 상기한 핵심적인 진술에 이어서 추가로 드러난 중요한 사실을 제시하면 다음과 같다.

① 연금수령자와 실업자가 저항운동의 주요구성원은 아닌 것으로 보인다. 설문조사에 응한 시위참가자의 70%가 직업에 종사하고 있다.
② 소위 '서양의 이슬람화'에 반대하는 시위에 참여하고 설문조사에 응한 사람들 중 약 25%에 해당하는 사람들만이 '이슬람, 이슬람주의 혹은 이슬람화'와 관련된 동기부여를 보여주고 있다.
③ 페기다시위에 참여한 주요동기는 '정치에 대한 일반적인 불만'에 놓여 있다. 두 번째 동기로는 미디어와 공론장에 대한 비판을 들 수 있다. 세 번째 동기에 해당하는 것은 이주자와 망명신청자에 대한 근본적인 반감 혹은 부정적인 감정이다. 이때 특히 무슬림이나 이슬람에 대한 의구심(유보적 심리)이 강한 것으로 보인다.
④ 설문조사의 결과 깊은 간극이 있다는 점이 표출되고 있다. 즉, 한편으로 미디어, 공개된 여론, 기성정치권과 다른 한편으로 시민이 안고 있는 문제, '국민의 의지' 사이에 놓여 있는 틈이 넓다는 인지와 감정이 드러나고 있다.

여기서 추론할 수 있는 점은 다음과 같다. 페기다는 그 이름에 따라 문자 그대로 해석할 경우 서양의 이슬람화에 반대하는 것으로 되어 있지만, 참가자의 다수에게 시위가 갖고 있는 우선적인 기능은 정치적 엘리트와 여론형성자에 대해 깊이 느끼고 있는 반감이나 부정적인 감정, 하지만 이제까지 공공적으로 표출되지 못한 반감을 표현할 수 있는 가능성을 제공한 데에 놓여 있다. '거기 있는 높은 사람들'과 '여기 있는 낮은 사람들'의 대조가 이제 외국인혐오증의 태도와 결합되어 나타나고 있는데, 바로 이것은 전통적으로 우익포퓰리즘의 경향이 곧잘 활용하는 수사(修辭)에 속한다.

페기다가 하나의 운동으로서 앞으로도 지속적으로 자리를 잡아갈 것인지 아니면 일시적인 현상에 불과한 것인지는 아직 열려 있는 질문이며, 이 질문에 대해서는 현재의 조사결과로는 확실한 답변을 주기 어려운 것으로 보인다.

|8| 레기다가 페기다보다 더 우익성향이 강하다

라이프치히에서 과거 구동독 시절 슈타지(Stasi: 구동독 국가안전부·비밀경찰) 소재지였던 장소에서 현재 기념관을 운영하고 있는 관장이면서 시민권운동가로 활동하고 있는 홀리처(Tobias Hollitzer)는 페기다의 분파인 레기다(Legida)와 관련하여 독일파(DW)와의 인터뷰에서 다음과 같이 설명하였다.

① • 질문: 우리는 지난 3개월 동안 특히 드레스덴에서 전개된 페기다 저항운동을 관찰하고 있다. 수요일(2015년 1월 21일)에는 라이프치히에서도 이와 같은 저항운동을 보았다. 드레스덴에서의 페기다와 라이프치히에서의 레기다를 어떻게 구별할 수 있는가?

• 답변: 여러 가지 수준에서 차이가 있다. 조직담당자들이 정식화한 요구사항을 들여다볼 때, 여기 라이프치히에서 레기다의 요구사항이 더 종잡을 수 없는 것처럼 보인다. 마치 일종의 정치적 잡화점처럼 보인다. 드레스덴에서의 페기다와 비교해 볼 때 레기다의 요구사항이 명백히 더 강하게 우익성향을 보여주고 있다. 예

를 들면, '전쟁에 대한 책임의 숭배' 및 이와 유사한 것들에 대한 종언을 밝히는 구체적인 요구가 제기되고 있다. 시위운동 그 자체를 살펴보면, 현 정권의 정책 일부분에 대해서 단순히 일반적인 문제의식을 갖고 저항하는 사람들의 비율이 드레스덴의 페기다에서 더 큰 것으로 보인다. 즉, 지난 몇 십 년 동안에 우리 사회가 어떻게 변화되었으며, 어떻게 구성될 것인지의 질문에 대한 문제의식이 라이프치히와 비교할 때 드레스덴에서 더 두드러지게 표출되고 있다. 다시 말하면, 극우파가 차지하는 비중이 라이프치히에서 더 많은 것으로 진단할 수 있다.

② • 질문: 우익보수 혹은 우익 포퓰리즘의 성향을 보이고 있는 독일대안정당(AfD: Alternative fuer Deutschland)이 페기다와 협력이나 연대를 할 것으로 예상되는가? 이 정당은 이미 페기다 저항운동과 접촉을 가진 바 있다.

• 답변: 페기다운동이 정당정치 수준과 연결될 것인지의 여부, 그리고 어떤 방향으로 전개될 것인지에 관해서는 현재로서는 예단하기 힘들다. 하지만 레기다 혹은 페기다가 정당정치와 연결될 수 있는 가능성을 전혀 배제할 수는 없다. 현재 존재하는 커다란 위험성은 이제까지 작용하던 사회적·정치적 토론과 담론의 구조 바깥에서 이와 같은 저항운동이 어떤 불길한 것으로 발전할 수 있다는 것이다. 그리고 페기다운동의 추종자들과 이에 반대하는 세력 사이에 정서적인 부하(負荷)를 안고 있는 폭력행사가 빈번하게 발생할 경우, 사회통합에 역행하면서 오히려 사회를 분열시키는 데 기여할 것이며, 대화와 토의를 점점 더 어렵게 할 것으로 보인다 (Wagener, 2015: 1-2).

|9| 민주주의 옹호자의 시간

이슬람에 대한 비판운동인 페기다의 지도자가 직책에서 물러나고, 페기다시위에 참가한 사람들의 수도 줄어들었다. 이에 많은 사람들이 이제 문제가 저절로 해결되는 것이 아닌가 하는 생각을 갖고 있다. 하지만 독일파(DW) 베를린 특파원인 푹스(Richard Fuchs)에 따르면, 이제 일을 시작할 시간이라는 것이다.

이슬람에 비판적인 페기다운동이 드레스덴과 라이프치히의 거리에서 동력을 상실한 것이 아닌가? 그동안 제한시키기 어려웠던 거리에서의 저항운동이 종언을 고할 것이라고 수요일(2015년 1월 21일) 이래 적지 않은 사람들이 바라보고 있다. 레기다 조직담당자들이 목표로 삼았던 참여자의 수(40,000명)에 훨씬 못 미치는 15,000명이 시위에 참가하였다. 그동안 게다가 페기다운동의 간판역할을 했던 지도자(Lutz Bachmann)가 직책을 버리고 물러났다. 히틀러 수염을 단 모습을 흉내 낸 그의 사진이 대중매체에 공개되고, 소셜 매체인 페이스북에서 외국인에 대하여 상스러운 말(인간 쓰레기, 보잘 것 없는 천민, 귀찮은 짐승)로 모욕한 그의 발언이 드러남으로써 바흐만은 그에 대한 책임을 지고 자리에서 물러났다고 한다.

이렇게 지도자를 상실하고 동원규모가 축소된 페기다운동이 이제 정치적 측면과 미디어 측면에서 멀리 떨어진 곳으로 밀려날 것이라고 섣부른 판단을 내려서는 안 될 것이다. 왜냐하면 극우성향을 가진 주동자가 물러났다고 하더라도 여전히 단순가담자나 동조자가 남아 있기 때문이다. 이들 동조자는 종종 정치가를 '배신자'라고 욕하고 있으며, 언론인에 대하여 '거짓말 언론(Luegenpresse)'

이라고 비난하고 있다. 평화혁명을 통하여 베를린장벽이 무너지고 통일이 이루어진지 25년이 지난 다음에 이 사람들은 '독일의 체제'와 사회적 시장경제에 대하여 실망을 하거나 환멸을 느끼고 있다.

이 사람들이 드레스덴이나 라이프치히의 거리에서 시위에 참가하든 말든, 아니면 대의민주주의에 대한 좌절감이나 실망을 그들의 생활세계에서 토로하든 말든 관계없이, 그러한 현상은 어쨌든 평화로운 공존을 위해 별로 도움이 되지 않는 부담으로 작용할 것이다. 따라서 단순히 무시하거나 간과한다면, 자유민주사회의 담론에 있어서 뒤틀린 페기다의 아이디어를 드러내는 데 있어서 적절한 방안이라고 간주하기 어렵다. 거리에서의 시위규모가 줄어든다고 하더라도 많은 사람들의 머릿속에서는 막연하고 확산적인 불안과 왜곡된 심상이 자리를 잡고 있을 것이다. 오히려 페기다운동의 수장이 사라진 공백기를 하나의 기회로 삼아, 개선의 여지가 별로 없는 극우파로부터 단순가담자를 떼어내고, 상실된 신뢰감을 어느 정도 회복할 수 있는 방안을 모색하는 일이 더 적절한 것으로 보인다.

이 맥락에서 바라볼 때, 만약 연방총리·주지사·시장과 같은 정치가가 외국인혐오증과 관련된 구호에 동조하거나, 아니면 이슬람혐오증을 암시하는 구호가 미디어를 통해 더 많이 보급·확산된다면, 신뢰를 회복하기 위한 일은 성공할 수 없을 것이다.

신뢰회복을 위한 시도가 성공을 거두기 위해서는 민주적으로 선출된 정치가와 언론인이 다시금 솔선수범의 중요성을 상기할 필요가 있다. 페기다 구성원과 같은 사회의 일부분을 아예 못 본 척하는 데 국한되어서는 안 될 것이다. 일상생활에서 헌법의 가치가 실제로 구현될 수 있도록 국가와 시민사회에서 더 많은 사람들이 모범을 보여줄 필요가 있다. 관용의 폭을 확대하고 민주주의의 체험 가능성을 제고함으로써, 비로소 미디어에서 돌아다니는 잘못된 상투어와 왜곡된 심상을 감소시킬 수 있을 것이다.

물론 이슬람에 대하여 비판적인 페기다운동의 추종자와 동조자를 모두 설득시킬 수는 없을 것으로 예상된다. 하지만 가능하면 더 많은 사람들이 이 운동에서 벗어나도록 한다면 그것 자체가 민주주의를 위해 도움을 주는 것이다. 결국 여러 가지 측면에서 어려운 일이긴 하지만, 이제 민주주의 옹호자가 활동할 시간이 도래한 것으로 보인다(Fuchs, 2015: 1-2).

|10| 페기다는 정점을 지났다

오스트리아 빈(Wien)대학 정치학자이면서 비정부기구인 '사회통합' 네트워크의 설립자로 활동 중인 슈미딩어(Thomas Schmidinger)는 페기다의 동향에 대해 독일파(DW)와의 인터뷰에서 다음과 같이 설명하였다.

① • 질문: 페기다 주모자인 바흐만(Lutz Bachmann)이 물러난 이후 운동이 더 잘 조직되고 더 진지하게 등장하려고 한다. 이와 동시에 페기다는 상당히 분열되어 있다. 페기다에게 미래가 있는가? 그리고 그렇다면 어떻게 나타날 것인가?

• 답변: 페기다는 처음부터 작센(Sachsen)주의 지역적 현상이었다. 거기서는 이미 그 이전부터 다른 사회영역들이 안고 있던 막

연하고 확산적인 불안을 쟁점으로 부각시킬 수 있는 극우정당과 집단이 상당히 강하게 존재하였다. 페기다는 극우적인 핵심세력을 결코 떠나지 않았다. 하지만 독일연방 전체를 포괄하거나 유럽 수준의 운동으로 성장할 것으로는 보이지 않는다.

더 우려되는 사항은 자유주의적 엘리트가 이슬람에 적대적인 경직된 입장으로 흐른다는 것이다. 프랑스 파리의 '샤를리 엡도(Charlie Hebdo)' 편집부에 대한 테러공격(2015년 1월 7일) 이래 오스트리아에서도 역시 이제까지 비교적 자유좌파의 성향을 보였던 언론인들이 무슬림에 대해 총체적인 비난을 가하는 경향이 나타나고 있다. 그러나 그들은 페기다와는 아무 상관도 없다는 태도를 취하려고 한다.

② • 질문: 종종 거론되고 있는 바와 같이, 페기다는 서구체제에 대한 저항이 아닌가?

• 답변: 확실히 그러한 점이 역할을 수행한다. 그러나 예를 들면 튀링겐(Thueringen)주에서보다는 작센주에서 우익집단이 그러한 감정의 표출을 더 잘 유도할 수 있다고 본다. 그것은 아마도 작센주에서 좌파 저항세력이 취약하다는 데 기인할 수도 있다. 그러나 흥미로운 점은 단지 이슬람만이 문제가 아니라는 것이다. 푸틴(Putin: 러시아 대통령) 추종자와 더불어 온갖 종류의 음모론자도 역시 정치엘리트에게 도전을 가하는 사람들이다.

③ • 질문: 그렇다면 반(反)이슬람주의가 페기다의 주요 관심사가 아닌 것인가?

• 답변: 물론 주요 관심사이다. 그러나 페기다의 관심사는 매우 막연하고 확산적이며, 일부 예외를 제외한다면 결코 지성적인 운동이라고 간주할 수 없다. 그런데 이상하게도 그 소수의 지식인에

는 독일대학의 이슬람학자들도 속한다. 다른 방향으로도 돌릴 수 있는 막연하고 확산적인 저항운동보다 이것이 더 위험한 것으로 생각된다.

④ • 질문: 다른 사람들이 바로 그 막연하고 확산적인 것을 본래적인 문제라고 느끼고 있다. 그렇다면 페기다와 전혀 대화를 할 필요가 없는 것인가?

• 답변: 나는 조직화된 운동으로서의 페기다와 대화를 하지 않을 것이다. 그러나 그 지역에서 왜 그러한 불만이 존재하는가의 질문은 제기해야 한다. 즉, 그 불만이 발생하게 된 사회적·경제적 근거를 다루지 않으면 안 된다. 그러나 페기다의 지도자들이 그 저항운동을 옹호하는 발언을 하고 진지한 대화상대자가 될 수 있는 능력을 갖추고 있는가에 대해서는 의문의 여지가 많다.

⑤ • 질문: 페기다가 더 존속할 수 있다고 생각하는가?

• 답변: 일반적으로 운동은 하나의 조직형태로서 인정을 받지 못할 경우 언젠가는 저절로 멈추는 경향이 있다. 페기다는 확실히 그 정점을 지났으며, 최근의 의견충돌과 불화는 그 몰락을 가속화할 것으로 보인다.

⑥ • 질문: 어떻게 하면 이슬람혐오증을 저지할 수 있는가?

• 답변: 소수집단과 유럽의 다수집단이 서로 만나고 서로를 알 수 있도록 하는 통합적인 교육정책과 사회복지정책을 통하여 가능하다고 본다. 개인적으로 무슬림을 알게 되면 더 이상 그들을 동질적인 집단으로 인지하지 않을 수 있으며, 더 이상 이슬람의 위험에 대하여 통일된 심상을 유지할 수 없다. 그 다음 이슬람세계도 무슬림이 아닌 사람들과 마찬가지로 이질적이고 서로 모순적이라는 것을 인식하게 된다.

또한 성전(聖戰)을 주장하는 극단적 이슬람주의를 저지하는 일도 역시 중요하다. 왜냐하면 이 이슬람주의는 과격하지 않은 대다수의 무슬림에 대한 편견을 불필요하게 부추기기 때문이다. 이때 무슬림단체의 노력도 요청된다. 보수적인 집단을 포함하여 무슬림단체를 고려의 대상에 포함시켜야 한다(Goebel, 2015: 1-2).

|11| 페기다에 대한 이상적인 해결책은 없다

페기다 저항운동에 어떻게 대처할 것인가 하는 질문과 관련된 논의는 끝이 없다. 이것은 자신감을 갖춘 논쟁문화의 표현일 수 있지만, 속수무책의 표시이기도 하다. 그리고 때로는 이 두 가지가 동시에 작용하기도 한다.

사민당(SPD) 대표인 가브리엘(Sigmar Gabriel)은 드레스덴에서 페기다 추종자들과의 토의에 참석하였다. 작센주 지방시민교육원(Lpb: Landeszentrale fuer politische Bildung)이 만남의 자리를 마련하였다. 그런데 그 참석의 결과는 충분히 예상할 수 있는 일이었다. 연방경제장관인 그는 페기다와 대화할 태세를 갖추고 있다는 점을 보여줌으로써 칭찬과 비난을 동시에 받고 있다. 우선 사민당 내부에서 동의와 더불어 거부의 반응이 나타나고 있다. 그러나 다른 정치적 진영에서도 서로 다른 반응이 존재한다. 정서적인 부하(負荷)가 덜한 주제에 있어서는 대개 정당 및 교섭단체의 규율이 작용하기 때문에 이와는 다른 양상을 보이는 경향이 있다. 하지만 페기다를 어떻게 다룰 것인가의 질문과 관련해서는 다른 기제가 작용하고 있다.

우선 아예 상관하지 않고 모르는 척하는 방안은 논외인 것으로 보인다. 드레스덴에서 시작한 페기다운동이 이미 몇 개월 동안 진행되고 있고, 독일의 다른 곳에서도 수천 명에 달하는 사람들이 거리에서 시위를 하고 있다는 점을 감안할 때, 이것은 사회 전체에 해당하는 현상이라고 진단할 수 있다. 페기다는 의회, 미디어, 인터넷, 단골손님의 모임, 신년사 등에서 지속적인 주제로 거론되고 있다. 따라서 이보다 더 큰 적실성과 논란거리를 찾기 힘들 정도이다. 그리고 주동자가 처음에 제기한 관심사는 이미 여러 가지 사안 중의 하나에 불과하다는 것이 밝혀지고 있다. 감정에 호소하는 소위 '이슬람화' 현상, 하지만 사실에 비추어볼 때 거의 입증하기 어려운 이 현상은 여러 가지 서로 다른 사회적 환경에 처한 사람들에게 온갖 사항에 대한 그들의 불만을 표출할 수 있는 소재를 제공하고 있다.

더 이상 타문화에 대한 막연하고 확산적인 불안만이 여기서 문제가 되는 것이 아니다. 페기다 및 이와 유사한 명칭을 갖고 있는 여러 분파는 상당히 서로 다른 동기에서 출발하고 있으며, 화내는 자와 좌절한 자, 그리고 극우파를 위한 발판이 되었다. 이렇게 여러 가지가 뒤섞인 상태에 대하여 침착하게 대처하는 데 있어서는 미디어에 비해 정치가와 정당이 더 어려운 과제를 안고 있다. 그리고 사실상 정치가보다는 언론인이 안고 있는 부담이 가볍다고 볼 수 있다. 왜냐하면 정당화에 대한 압력이 훨씬 더 적기 때문이다.

페기다 활동가가 텔레비전 토크쇼에 등장할 경우 논쟁적인 토론이 될 가능성이 상당히 많다. 그러나 페기다운동 주모자에 해당하는 척도는 정치영역과는 다르다. 왜냐하면 페기다 주모자에게는 신문판매부수, 인터넷 검색빈도, 시청률이 더 중요하지만, 정치영역에서는 여론조사와 유권자의 표가 더 중요한 요인으로 작용하기 때문이다. 그리고 정치가가 수행하는 기능에 따라 대처방안이 얼마든지 다르게 나타날 수 있다. 예를 들면, 외무장관인 슈타인마이어(Frank-Walter Steinmeier)는 페기다 저항시위 동안에 등장한 인종차별적인 구호를 고려하여 어느 정도 자신의 역할에 대한 의무를 의식하면서 독일의 명성과 이미지가 훼손되지 않을까 하는 우려를 표명하고 있다. 그런데 같은 사민당에 속한 경제장관인 가브리엘은, 상기한 바와 같이, 다른 수준에서 비교적 온건하고 대화할 자세를 갖추고 있는 페기다 추종자와의 대화를 추구하고 있다.

하지만 페기다와 같이 불분명한 운동에 대처하는 데 있어서는 확실하게 선을 그어야 할 사항이 있다. 그것은 다름 아니라 노골적으로 인종차별주의적인 경향이 있을 경우, 관용과 더불어 대화하려는 자세는 끝이 나야 한다는 점이다. 즉, 인종차별주의에 대해서는 명백히 관용의 한계를 설정해야 한다는 것이다.

한편에서는 대화를 해야 한다는 입장을 취하는 사람들이 적지 않으며, 다른 한편에서는 절대 대화를 해서는 안 된다는 입장을 고수하는 사람들도 많다. 따라서 페기다를 어떻게 처리하고 다룰 것인가의 질문과 관련해서는 앞으로도 당분간 논란이 계속될 것으로 예상된다. 그리고 이 주제를 올바르게 다루기 위한 이상적인 해결책이나 정답을 정치가와 언론에게서 기대한다면 그것은 상당히 어려운 일이 될 것이다. 그럼에도 불구하고 그렇게 불안할 필요는 없다. 왜냐하면 매우 복합적인 상태에 대한 간단한 해결책은 대부분 그 자체가 모순이기 때문이다. 특히 민주사회에서는 더욱 그렇다(Fuerstenau, 2015: 1-2).

|12| 페기다는 스스로 무너지고 있다

지도층이 자리에서 물러나면서 페기다의 종말이 예고되고 있다. 하지만 제기된 질문이나 문제는 여전히 남아 있다. 그리고 특히 페기다 추종자들을 이제 정치적으로 어떻게 돌보아야 할 것인지의 문제가 남아 있다.

종종 사람들은 그들 자신이 거둔 성공의 희생물이 되기도 한다. 특히 정당과 정치운동의 설립단계에서 그런 경우가 적지 않다. 새로 등장한 집단이 폭넓은 반향과 호응을 얻게 되면, 그와 동시에 지속적으로 트집을 잡거나 불평불안을 갖고 있는 자, 좌절한 자와 헛소리하는 자도 역시 끌어들이는 경향이 있다. 이들은 이상한 생각이나 삐딱한 특수이익을 들먹거리면서 그 집단의 관용에 도전을 가하거나 관용능력을 시험해 보기도 한다.

그 결과 끝없는 파벌싸움이 벌어지곤 한다. 수뇌부는 대개 어떤 생업에 종사할 수밖에 없는데, 정치적으로 경험이 없는 수뇌부는 나름대로 치명적인 약점을 노정시키기도 한다. 그리고 종종 하던 일을 포기하거나 내팽개치기도 한다. 지속적인 싸움은 공중(公衆)의 신경을 건드리며, 집단은 사람들의 호응을 상실하며, 언젠가는 사람들의 기억에서 사라진다. 이러한 운명을 맞이한 최근의 사례로는 '대안정당(Statt-Partei)'이나 '해적당(Piraten)'을 들 수 있다. 사실상 이 정당들은 스스로 무너진 것이었다. '독일대안정당(AfD: Alternative fuer Deutschland)'이 일시적인 현상이 아니라 지속가능성이 있는 현상으로 남아 있을 것인지의 여부는 아직 더 기다려보아야 한다.

저항운동인 페기다의 경우, 앞으로 전개될 과정이 이와 유사할 것으로 보인다. 물론 드레스덴에서는 여전히 시위가 이루어질 것이다. 그러나 참가하는 사람들의 수가 명백히 줄어들 것으로 보인다. 미디어는 더 이상 그렇게 집중적으로 보도를 하지 않을 것이며, 바로 그렇기 때문에 다음번에는 더 적은 수의 사람들이 참여할 것이다. 페기다는 문자 그대로 저절로 멈출 것이다.

그리고 언젠가는 현대사를 전공하는 사람에게 페기다의 경우 어떤 과정을 거쳐서 혹은 어떤 순서에 따라 도대체 어떤 일이 일어났는지에 관한 질문이 제기될 것이다. 예를 들면, 처음에 갑작스럽게 성장한 시민운동이 알고 보니 결국 악명이 높은 극우파에게 빼앗긴 것은 아닌가? 아니면 처음부터 결국 온순한 양의 가면을 쓴 극우파가 배후에 놓여 있었던 것은 아닌가? 페기다의 기본입장을 밝힌 성명서(Positionspapier)는 결국 극우파가 대중의 마음을 사고 호응을 얻기 위해 교묘하게 정식화한 것은 아닌가? 그래서 내막을 잘 모르는 수천 명의 시민들이 월요일마다 소위 '산보(Spaziergaenge)'에 참여하기 위해 드레스덴으로 집결한 것은 아닌가? 그리고 다른 사람들이 자신들을 극우파라고 지칭하게 되면, 시위에 참여한 이 페기다 추종자들은 버럭 화를 내면서 자신들은 결코 극우파가 아니라고 답변한 것은 아닌가?

대부분의 언론매체에 종사하는 편집부와 더불어 정치권에서는 드레스덴에 들려오는 소식(즉, 일부 페기다 지도층의 직책 포기와 그에 따른 분열양상)으로 인하여 심리적인 부담을 상당히 덜은 것처럼 보인다. 그동안 페기다를 바라보면서 한편으로는 어떻게 대처해야 할 것인가에 대하여 어리둥절한 상태에 놓여 있기도 했으며, 다른 한편으로는 강력하게 반박하거나 아니면 무시하려는 태도를 보이기도 했다. 하지만 적어도 후자(즉, 강력한 반박이나 무시하려는 태도)는 자유민주사회를 위해 그렇게 명예로운 일이라고 간주할 수 없다.

왜냐하면 살아있는 민주주의에서는 일방적인 배제가 아니라, 오히려 설득하려는 자세가 더 적절하고 중요하기 때문이다. 물론 이것은 민주주의를 제거하려는 자들 모두에게 무조건 해당하는 이야기는 아니다. 오히려 그들과는 투쟁을 벌여서라도 세력을 약화시키는 일이 더 중요하다. 그러나 적어도 자신들의 의견(규범에서 어느 정도 벗어난 의견도 포함하여)을 표현하는 사람들에게는 설득하려는 시도가 요청된다. 그리고 페기다시위가 이제 곧 끝난다고 하더라도, 시위자들이 안고 있는 문제와 염려는 여전히 남아 있다는 점을 시야에서 놓치면 안 된다.

예를 들면, 우리 사회에서 과격한 무슬림을 어떻게 다룰 것인가? 그들이 우리의 자유와 관용에 대한 증오심, 그것도 우리가 도저히 이해할 수 없는 증오심을 갖고, 무고한 사람들에 대한 암살을 시도하거나 심지어 자살폭탄테러를 자행할 수 있는 잠재력과 위험성에 대해 어떻게 대처할 것인가? 그동안 독일에서도 존재하게 된 강제결혼과 명예살인의 풍습에 관해 미디어는 왜 종종 사실 그대로 보도를 할 수 없는가? 이 맥락에서는 물론 독일 언론의 윤리강령에 포함된 차별금지조항이 작용하고 있다. 페기다 추종자들이 미디어에 대해 '거짓말 언론(Luegenpresse)'이라고 하면서 총체적으로 비난을 가하고 있는데, 그 이면에는 이와 같은 보도방식에 대한 불만이 도사리고 있는 것이다.

그리고 난민과 망명신청자를 집단숙소보다는 일반주택에서 거주하도록 하는 것이 더 낫지 않은가 하는 의문이 제기되고 있다. 또한 이웃에 50명이나 심지어 500명이 아니라, 단지 다섯 명의 외국인(이방인)만이 있다면 그만큼 걱정거리가 줄어들 것이다. 하지만 독일사회 어디에서 그러한 질문과 문제가 논의되고 있는가? 유감스럽게도 국민정당으로 간주되고 있는 기민당과 사민당의 지역협회나 당사에서는 이러한 문제가 거의 거론되고 있지 않은 실정이다.

따라서 이 맥락에서 페기다 추종자들을 어떻게 돌볼 것인가 하는 매우 중요한 문제가 여전히 남아 있다. 최근에 사민당(SPD) 대표인 가브리엘(Sigmar Gabriel)이 드레스덴을 방문하여 페기다와의 토론장소에 참여했다고 한다. 이것은 중요한 신호가 될 수 있지만, 그러나 그가 속한 정당 내에서도 이미 그의 방문에 대한 논란이 벌어지고 있다. 한편 기민당(CDU)에서는 부대표인 클뢰크너(Julia Kloeckner)는 한걸음 더 나아가 페기다 추종자들에 대한 이해가 필요하다고 주장했는데, 곧바로 여러 매체에서 그녀가 (신)나치에 대한 동조자가 아닌가 하는 의문을 제기하였다.

결국 두 개의 국민정당 내부에서 이렇게 논란을 벌이면서 오락가락하는 동안에 시야에 들어오는 대안으로는 '독일대안정당(AfD)'이 남아 있다. 이번 주말에 브레멘에서 개최되는 전당대회에서 이 독일대안정당은 어떤 방향으로 나아갈 것인지 논의할 것으로 보인다. 2013년에 실시된 연방의회선거에서 이 정당은 약간의 표가 부족하여 연방의회에 진입할 수 있는 기회를 아깝게 놓쳤다. 어쨌든 핵심적인 질문은 독일에서 보수정당인 기민당보다 더 우측에 놓여 있는 정당이 존재할 수 있는 것인가이다. 즉, 민주적인 스펙트럼의 바깥에 놓여 있으면서도 정치적으로 배제되지 않는 우익정당이 존재할 수 있는지에 관한 근본적인 질문이 남아 있는 것이다.

다시 말하면, 페기다와 관련된 문제가 스스로 완전히 해결된 것이라고 간주한다면 섣부른 판단이거나 아니면 잘못된 추론이 될지도 모른다. 따라서 드레스덴에서의 저항운동이 약화되는 조짐을 보이고 있는 바로 이 시점에서, 시위에 참여한 사람들이 안고 있는 문제와 질문은 소위 국민정당에서 논의되지 않으면 안 된다. 만약 그렇지 않을 경우 국민정당이라는 칭호에 걸맞지 않는다는 비난을 피하기 어려울 것이다(Steiner, 2015: 1-2).

|13| 이제 페기다가 어떻게 될 것인가

다음 월요일(2015년 2월 2일)에 개최될 예정이었던 페기다시위가 취소되었고, 이슬람에 적대적인 운동의 지도층이 점차 해체되고 있다. 전문가들에 따르면, 페기다의 미래는 그렇게 밝지 않은 것으로 보인다.

페기다운동이 여전히 장래에도 큰 힘을 발휘할 것인지에 대해서는 독일에서 점점 더 많은 전문가들이 의심을 하고 있다. 페기다 대변인인 외르텔(Kathrin Oertel) 및 다른 네 명의 지도층 구성원이 2015년 1월 말에 모든 기능과 직책을 내려놓았다. 그 이유로는 특히 전(前)페기다대표였던 바흐만(Lutz Bachmann)의 장래 역할이 거론되고 있다. 1주 전(1월 21일)에 대표직에서 물러난 바흐만은 자신의 예고와는 어긋나게 완전히 자리에서 물러난 것이 아니라 막후에서 영향력을 계속 행사하려고 한다는 소문이 돌고 있다.

드레스덴공과대학교에서 정치체제와 체제비교 교수직을 맡고 있는 파첼트(Werner Patzelt)에 따르면, 페기다는 이제 해체의 도정에 놓여 있는 것으로 보인다. 장래의 시위에 대한 어떤 합의도 없으며, 페기다운동의 파벌(온건파와 급진파) 사이에 분열현상이 나타났으며, 정치권 일부에서 대화를 제안함으로써 이제 도발적인 시위에 대한 매력과 그 폭발력이 상당히 줄어들었다는 것이다. 따라서 거리로 나서기 위한 유인책이 감소한 것이다. 장래에 페기다가 제기할 구체적인 요구사항이 무엇인지 인식할 수도 없으며, 총괄계획과 개념적 사고방식이 결여되어 있는 것으로 보인다.

예나(Jena)대학교 사회학자인 크벤트(Matthias Quent)도 이와 유사한 방식으로 사태를 진단 및 전망하고 있다. 그동안의 여러 시위는 상당 부분 심리적인 투사(투영)와 관련된다는 것이다. 일부 단순가담자의 주된 관심사는 정치체제 전체에 대한 그들의 근본적인 불만을 표출하는 데 놓여 있었다. 그런데 이제 그들의 목표는 상당 부분 달성되었다. 따라서 많은 사람들이 이미 만족하고 있으며, 앞으로는 구태여 시위에 직접 참여하지 않고 집에 남아 있을 것으로 예상된다는 것이다.

정치학자 파첼트와 사회학자 크벤트에 따르면, 페기다운동은 조직을 담당하는 팀을 위하여 내부에서 적절한 후진을 확보하는 데 성공하지 못했다. 게다가 수사적인 능력과 더불어 현실적인 정치를 위한 감각이 부족했다는 것이다. 이들 전문가의 의견에 따르면, 이러한 상태가 페기다에서 근본적으로 변화될 수 있을 것으로 기대되지 않는다. 정치를 구성적으로 수행할 수 있으려면 특별한 능력이 요청된다. 개인적으로 각종 압력을 참아낼 수 있어야 하며, 여기에는 타자에 의한 적대시와 공갈·위협도 포함된다. 그런데 페기다 대변인인 외르텔에게 이것은 감당하기 힘든 일이었다. 페기다 지도층은 결국 스스로 대처할 수 없을 정도로 과도한 부담을 안게 되었다는 것이다. 통합적인 지도층이 결여된 상태에서 앞으로 페기다의 분열이 더 강하게 나타날 것으로 예상된다는 것이다.

페기다 지도층의 분열 이후 전(前)대변인인 외르텔 주위의 핵심 세력이 새로 연합을 구성하려는 의지를 보이고 있다. 여러 관찰자들의 의견에 따르면, 이러한 전개과정이 그렇게 놀랄 일은 아니다. 왜냐하면 페기다 설립자인 바흐만이라는 인물과 더불어 극우적인 입장을 놓고 이제 지도층 내부에서 양립하기 어려울 정도로 확연하게 서로 다른 파벌이 형성된 것이기 때문이다.

페기다에서 극우세력은 독립적으로 빠져나와 더 과격하게 활동할 것으로 보이며, 그럴 경우 다른 페기다 추종자나 일반 국민들로부터 저항을 받거나 점점 더 이해를 얻기 어려울 것으로 예상된다. 이제까지 말하자면 보호막으로 작용하던 이른바 '시민운동'이라는 틀이 결여될 것이며, 그만큼 더 극단주의의 면모가 더 분명하게 드러날 것이다.

더 그럴듯한 전망으로는 비교적 신생정당으로 간주되고 있는 '독일대안정당(AfD)'의 어부지리를 거론할 수 있다. 즉, 현재 집권당(여당)인 기민당(CDU)과 기사당(CSU) 옆에서 더 우익에 놓인 정당으로서 위상을 설정하는 데 성공한다면, 독일대안정당이 선거에서 표를 더 많이 얻을 것으로 예측된다. 무엇인가 실제로 변화시키고자 하는 열망이나 욕망을 갖고 있는 페기다 추종자들은 투표행사를 통해 의회체제로 통합되고자 시도할 것이다. 그동안에 나온 여론조사의 결과를 살펴보면, 이미 페기다 추종자의 다수가 독일대안정당을 선호하는 것으로 드러나고 있다.

행위능력을 갖춘 결연한 페기다 지도층이 결여된 상태에서 다수의 추종자가 체념하고 점차 시위에 적극적으로 참여하지 않으려는 태도를 보일 것으로 예상된다. 힘이 약한 단순가담자들은 언제나 전면에 나서서 활동할 수 있는 어떤 인물을 필요로 한다. 즉,

그 인물 뒤에서 가능하면 자신을 숨길 수 있기를 바라는 것이다. 그래서 그동안, 즉 인종차별적인 발언으로 인하여 바흐만이라는 설립자가 대표 자리에서 물러날 때까지, 페기다는 그의 뒤에서 마치 눈덩이처럼 시위참여자를 늘려가면서 성장할 수 있었던 것이다. 그렇지만 결국 지도층의 내분과 분열을 겪으면서 이제 페기다는 쇠퇴하는 시대적인 현상이 될 것으로 보이며, 현시점에서(2015년 1월말) 바라볼 때, 이것은 지난 몇 개월에 걸쳐(2014년 10월 20일(월)의 제1차 시위에서 시작하여 2015년 1월 25일(일)의 제13차 시위까지) 진행된 페기다운동의 영고성쇠 혹은 흥망성쇠에서 도출할 수 있는 결론이다(Dick, 2015: 1-2).

참고문헌

김태원. "글로컬 생활세계로서의 다문화사회: 공존의 가치에 대한 탐색적 연구." 「다문화와 인간」. 제1권 제1호 (2012년 6월), pp. 63-89.

오정은. "네덜란드의 외국계 주민 통합정책 연구: 틸부르크(Tilburg)시의 상호문화 사업을 중심으로." 「유럽연구」. 제29권 제3호 (2011년 겨울), pp. 189-215.

육주원 · 신지원. "다문화주의에 대한 반격과 영국 다문화주의 정책 담론의 변화." 「EU연구」. 제31호 (2012년), pp. 111-139.

장준호. "독일에서 애국주의 개념과 변천: 애국주의 패러독스를 극복하는 헤겔의 인륜적 애국심과 현재의 유쾌한 애국심을 중심으로." 「한독사회과학논총」. 제22권 제2호 (2012년 여름), pp. 85-106.

정창화 · 허영식. "다문화사회에서 사회통합의 착근을 위한 다양성관리." 「유럽연구」. 제29권 제3호(2011년 겨울), pp. 217-243.

정창화 · 허영식. "유럽연합(EU)의 인권정책에 관한 연구." 「EU연구」. 제33호(2013), pp. 167-194.

허영식. 「다문화사회와 간문화성」. 서울: 강현출판사, 2010.

허영식. "다문화사회에서 사회통합을 위한 간문화적 행위영역과 실천: 프랑스와 독일의 사례를 중심으로." 「한독사회과학논총」. 제23권 제1호 (2013년 봄), pp. 3-36.

허영식 · 김진희. "간문화능력과 간문화교육에 대한 동향과 함의: 독일의 사례를 중심으로." 「한독사회과학논총」. 제23권 제3호 (2013년 가을), pp. 31-60.

허영식 · 정창화. 「간문화주의를 통한 사회통합과 국가정체성 확립」.

파주: 한국학술정보(주), 2012a.
허영식 · 정창화. 「간문화성과 한국의 정체성」. 서울: 원미사, 2012b.
허영식 · 정창화. "프랑스와 독일의 사회통합정책 비교분석." 「한독사회과학논총」. 제22권 제1호(2012년 봄), pp. 71-98.
허영식 외. 「한국의 정체성 재정립과 사회통합을 위한 간문화주의와 다양성관리」. 서울: 박영스토리, 2014.

Adick, C. "Inter-, multi-, trans-kulturell: ueber die Muehen der Begriffsarbeit in kulturuebergreifenden Forschungsprozessen." Hirsch, A. and Kurt, R. (eds.). Interkultur - Jugendkultur. Bildung neu verstehen. Wiesbaden: VS, 2010, pp. 105-133.
Auernheimer, G. "Interkulturelle Kommunikation, mehrdimensional betrachtet, mit Konsequenzen fuer das Verstaendnis von interkultureller Kompetenz." Auernheimer, G. (ed.). Interkulturelle Kompetenz und paedagogische Professionalitaet. Wiesbaden: VS, 2010a, pp. 35-65.
Auernheimer, G. Einfuehrung in die interkulturelle Paedagogik. Darmstadt: WBG, 2010b.
Auernheimer, G. et al. Interkulturelle Erziehung im Schulalltag. Fallstudien zum Umgang von Schulen mit der multikulturellen Situation. Muenster, 1996.
Barmeyer, Ch. Interkulturelles Management und Lernstile. Studierende und Fuehrungskraefte in Frankreich, Deutschland und Quebec. Frankfurt/M.: Campus, 2003.
Barrios, C. "Interkulturelle Mediation in Teams mit multinationaler Belegschaft aus Deutschland und Lateinamerika." Kumbier, D. and Schulz von Thun, F. (eds.). Interkulturelle Kommunikation: Methoden, Modelle, Beispiele. Reinbek bei Hamburg: Rowohlt, 2011, pp. 248-310.
Bashkow, I. "A Neo-Boasian Conception of Cultural Boundaries."

American Anthropologist. Vol. 106, No. 3 (2006), pp. 443-458.

Bayreuter, F. "Diskriminierungsschutz und Gleichbehandlung im Arbeitsleben – Eine rechtswissenschaftliche Analyse der Diskussion ueber das AGG." Krell, G. et al. (eds.). Diversity Studies. Grundlagen und disziplinaere Ansaetze. Frankfurt/M.: Campus, 2007, pp. 179-200.

Bender-Szymanski, D. "Interkulturelle Kompetenz bei Lehrerinnen und Lehrern aus der Sicht der empirischen Bildungsforschung." Auernheimer, G. (ed.). Interkulturelle Kompetenz und paedagogische Professionalitaet. Wiesbaden: VS, 2010, pp. 201-228.

Bennett, M. "A Developmental Approach to Training for Intercultural Sensitivity." International Journal of Intercultural Relations. Vol. 10. No. 2 (1986), pp. 179-195.

Bhabha, H. The Location of Culture. London: Routledge, 1994.

Bienfait, A. Im Gehaeuse der Zugehoerigkeit. Eine kritische Bestandsaufnahme des Mainstream-Multukulturalismus. Wiesbaden: VS, 2006.

Broszinsky-Schwabe, E. Interkulturelle Kommunikation. Missverstaendisse - Verstaendigung. Wiesbaden: VS, 2011.

Camilleri, C. "Prinzipien einer interkulturellen Paedagogik." H. Nicklas et al., eds. Interkulturell denken und handeln. Theoretische Grundlagen und gesellschaftliche Praxis. Frankfurt/M.: Campus, 2006, pp. 47-54.

Castel, R. Negative Diskriminierung. Jugendrevolte in den Pariser Banlieus. Hamburg: Rowohlt, 2009.

Cohen, Ph. Verbotene Spiele. Theorie und Praxis antirassistischer Erziehung. Hamburg, 1994.

Conrad, N. "Erste Geldstrafen fuer Nikab-Traegerinnen." http://www.dw-world.de (2011년 9월 23일 검색).

Demorgon, J. and Kordes, H. "Multikultur, Transkultur, Leitkultur, Interkultur." Nicklas, H. et al. (eds.). Interkulturell denken und handeln. Theoretische Grundlagen und gesellschaftliche Praxis, Frankfurt/M.: Campus, 2006, pp. 27-36.

Dick, W. "Was aus Pegida werden koennte." http://www.dw.de/ (2015년 1월 29일 검색).

Doeren, M. "Gender, Diversity und Intersektionalitaet als Herausforderung fuer die Medizin." Krell, G. et al. (eds.). Diversity Studies. Grundlagen und disziplinaere Ansaetze. Frankfurt/M.: Campus, 2007, pp. 109-122.

Edelmann, D. "Konzepte kultureller Differenz in der Aus- und Weiterbildung von Lehrpersonen - unter besonderer Beruecksichtigung der Situation in der Schwiez." Moosmueller, A. (ed.). Konzepte kultureller Differenz. Muenster: Waxmann, 2009, pp. 121-136.

Eppenstein, T. "Interkulturelle Kompetenz - Zumutung oder Zauberformel?" Zacharaki, I. et al. (eds.). Praxishandbuch. Interkulturelle Kompetenz vermitteln, vertiefen, umsetzen. Schwalbach/Ts.: Wochenschau, 2009, pp. 29-43.

Eril, A. and Gymnich, M. Interkulturelle Kompetenzen. Erfolgreich kommunizieren zwischen den Kulturen. Stuttgart: Klett, 2010.

EUNIT. (ed.). Qualifikationen fuer das Unterrichten in mehrsprachigen Schulen. Muenster: Waxmann, 1998.

Europaeische Kommission - Generaldirektion Bildung und Kultur. Europaeische Jahr des interkulturellen Dialogs 2008 - Hoehepunkt. Luxemburg: Amt fuer amtliche Veroeffentlichungen der Europaeischen Gemeinschaften, 2009.

Figel, J. "Vorwort." Europaeische Kommission - Generaldirektion Bildung und Kultur. Europaeische Jahr des interkulturellen Dialogs 2008 - Hoehepunkt. Luxemburg: Amt fuer amtliche Veroeffentlichungen der Europaeischen Gemeinschaften, 2009, p. i .

Fuchs, M. "Diversity und Differenz - Konzeptionelle Ueberlegugnen." G.

Krell et al., eds. Diversity Studies. Grundlagen und disziplinaere Ansaetze. Frankfurt/M.: Campus, 2007, pp. 17-34.

Fuchs, R. "Kommentar: Die Stunde der Demokratie-Werber!." http://www.dw.de/ (2015년 1월 22일 검색).

Fuerstenau, M. "Kein Patentrezept gegen Pegida." http://www.dw.de/ (2015년 1월 26일 검색).

Gaitanides, S. "Interkulturelle Teamentwicklung - Beobachtungen in der Praxis." Auernheimer, G. (ed.). Interkulturelle Kompetenz und paedagogische Professionalitaet. Wiesbaden: VS, 2010, pp. 153-171.

Georgi, V. "Citizenship and Diversity." Georgi, V. (ed.). The Making of Citizens in Europe: New Perspectives on Citizenship Education, Bonn: Bundeszentrale fuer politische Bildung, 2008, pp. 79-86.

Goebel, N. "Politologe Schmidinger: Pegida hat ihren Hoehepunkt ueberschritten." http://www.dw.de/ (2015년 1월 22일 검색).

Grosch H. and Leenen, W. "Bausteine zur Grundlegung interkulturellen Lernens." Bundeszentrale fuer politische Bildung (ed.). Interkulturelles Lernen. Arbeitshilfen fuer die politische Bildung. Bonn: bpb, 1998, pp. 29-46.

Grosch H. et al. Methoden interkulturellen lehrens und Lernens. Saarbruecken: ASKO-Europastiftung, 2000.

Hall, E. The Silent Language. New York: Doubleday, 1959.

Hamann, G. "Patzelt: Ausdruck von Parteien- und Politikerverdrossenheit." http://www.dw.de/ (2014년 12월 25일 검색).

Hasselbach, Ch. "Sophie in't Veid: Schockiert ueber Deutschland." http://www.dw.de/ (2014년 12월 22일 검색).

Heinrich, D. "Kommentar: Der unheimliche Islam - Warum Pegida so viel Zulauf hat." http://www.dw.de/ (2014년 12월 22일 검색).

Heringer, H. Interkulturelle Kommunikation. Tuebingen: A. Franke, 2010.

Holzbrecher, A. "Interkulturelles Lernen." Sander, W. (ed.). Handbuch politische Bildung. Schwalbach/Ts.: Wochenschau, 2005, pp. 392-406.

Holzbrecher, A. Wahrnehmung des Anderen. Zur Didaktik interkulturtellen Lernens. Opladen: Leske+Budrich, 1997.

Hoopes, D. "Intercultural Communication Concepts and the Psychology of Intercultural Experience." Pusch, M. (ed.). Multicultural Education. A Cross-Cultural Training Approach. Chicago: Intercultural Network, 1981, pp. 9-38.

"Intercultural City." http://www.interculturalcity.com/about.htm (2009년 8월 검색).

Keding, G. "Der falsche Wohnort... Zur Bedeutung von Macht und Struktur in der interkulturellen Begegnung." Kumbier, D. and Schulz von Thun, F. (eds.). Interkulturelle Kommunikation: Methoden, Modelle, Beispiele. Reinbek bei Hamburg: Rowohlt, 2011, pp. 336-347.

Kessler, G. "Interkulturelles Projektmanagement - Kulturvergleichende und interkulturelle Studien." Emmerling, T. (ed.). Projekte und Kooperationen im interkulturellen Kontext. Interdisziplinaere Perspektiven aus Wissenschaft und Praxis. Sternenfels: Wissenschaft und Praxis, 2005, pp. 15-33.

Kirloskar-Steinbach, M. "Differenz und Pluralitaet innerhalb liberaler Staaten. Eine normative Perspektive." Moosmueller, A. (ed.). Konzepte kultureller Differenz. Muenster: Waxmann, 2009, pp. 149-160.

Kleber, R. "Burkaverbot in Frankreich in Kraft getreten." http://www.dw-world.de (2011년 4월 12일 검색).

Klose, A. "Grundlagen und Struktur des deutschen und europaeischen Gleichbehandlungsrechts." Politische Bildung. No. 4 (2009), pp. 46-50.

KMK. Interkulturelle Bildung und Erziehung in der Schule. Beschluss der Kultusministerkonferenz vom 25. Oktober 1996. Bonn: Sekretariat der Staendigen Konferenz der Kultusminister der Laender in der

Bundesrepublik Deutschland, 1996.

Kor, A. "Frankreich: Management von IT-Projekten in Frankreich und Deutschland." Emmerling, T. (ed.). Projekte und Kooperationen im interkulturellen Kontext. Interdisziplinaere Perspektiven aus Wissenschaft und Praxis. Sternenfels: Wissenschaft und Praxis, 2005, pp. 129-136.

Kordes, H. and Mueller, B. "Einleitung: Felder interkulturellen Handelns." Nicklas, H. et al. (eds.). Interkulturell denken und handeln. Theoretische Grundlagen und gesellschaftliche Praxis. Frankfuer/M.: Campus, 2006, pp. 163-170.

Kordes, H. and Polat, Ue. "Gegenlaeufige Entwicklungen in britischer, franzoesischer und deutscher Sozialarbeit." Nicklas, H. et al. (eds.). Interkulturell denken und handeln. Theoretische Grundlagen und gesellschaftliche Praxis. Frankfuer/M.: Campus, 2006, pp. 202-210.

Kordes, H. et al. "Einleitung: Interkultureller Wandel - Probleme, Handlungsfelder, Methoden." Nicklas, H. et al. (eds.). Interkulturell denken und handeln. Theoretische Grundlagen und gesellschaftliche Praxis. Frankfuer/M.: Campus, 2006, pp. 15-24.

Krell, G. and Sieben, B. "Diversity Management und Personalforschung." Krell, G. et al. (eds.). Diversity Studies. Grundlagen und disziplinaere Ansaetze. Frankfurt/M.: Campus, 2007, pp. 235-254.

Krell, G. et al. "Einleitung - Diversity Studies als integrierende Forschungsrichtung." Krell, G. et al. (eds.). Diversity Studies. Grundlagen und disziplinaere Ansaetze. Frankfurt/M.: Campus, 2007, pp. 7-16.

Krueger-Potratz, M. "Interkultureller Perspektivenwechsel in Erziehung und Schule am Beispiel Deutschlands und Frankreichs." Nicklas, H. et al. (eds.). Interkulturell denken und handeln. Theoretische Grundlagen und gesellschaftliche Praxis. Frankfuer/M.: Campus, 2006, pp. 171-175.

Krummacher, M. “Migrations- und Integrationspolitik. Befunde und Herausforderungen.” Zacharaki, I. et al. (eds.). Praxishandbuch. Interkulturelle Kompetenz vermitteln, vertiefen, umsetzen. Schwalbach/Ts.: Wochenschau, 2009, pp. 57-77.

Kulbach, R. “Organisation und Verankerung interkultureller Arbeit in sozialen Einrichtungen.” Zacharaki, I. et al. (eds.). Praxishandbuch. Interkulturelle Kompetenz vermitteln, vertiefen, umsetzen. Schwalbach/Ts.: Wochenschau, 2009, pp. 131-146.

Kumbier, D. and Schulz von Thun, F. “Interkulturelle Kommunikation aus kommunikationspsychologischer Perspektive.” Kumbier, D. and Schulz von Thun, F. (eds.). Interkulturelle Kommunikation: Methoden, Modelle, Beispiele. Reinbek bei Hamburg: Rowohlt, 2011, pp. 9-27.

Kurt, R. and Hirsch, A. “Interkukltur - Bildung - Schule.” Hirsch, A. and Kurt, R. (eds.). Interkultur - Jugendkultur. Bildung neu verstehen. Wiesbaden: VS, 2010, pp. 9-17.

Lammert, N. H. “Gewissheiten und Zweifel. Zur deutschen Debatte ueber einen umstrittenen Begriff und einen wachsenden Konsens.” Lammert, N. (ed.). Verfassung · Patriotimus · Leitkultur. Was unsere Gesellschaft zusammenhaelt. Hamburg: Hoffmann und Campe, 2006, pp. 134-145.

Lanfranchi, A. “Interkulturelle Kompetenz als Element paedagogischer Professionalitaet - Schlussfolgerungen fuer die Lehrerausbildung.” Auernheimer, G. (ed.). Interkulturelle Kompetenz und paedagogische Professionalitaet. Wiesbaden: VS, 2010, pp. 231-260.

Lanfranchi, A. et al. Interkulturelle Paegagogik in der Lehrerinnen- und Lehrerbildung. Zentrale Lernbereiche, Vorschlaege, Literaturhinweise. Bern: Konferenz der kantonlen Erziehungsdirektoren (EDK, Dossier

60), 2000.

Lau, J. "Migranten und das nationale Geschichtsbild: Eine Leitkultur muss immer neu ausgehandelt werden." Das Parlament. No. 3 (2007), p. 5.

Leenen, W. and Grosch, H. "Bausteine zur Grundlegung interkulturelleen Lernens." Bundeszentrale fuer politische Bildung (ed.). Interkulturelles Lernen. Arbeitshilfen fuer die politische Bildung. Bonn: bpb, 1998, pp. 29-46.

Leenen, W. et al. "Interkulturelle Kompetenz in der Sozialen Arbeit." Auernheimer, G. (ed.). Interkulturelle Kompetenz und paedagogische Professionalitaet. Wiesbaden: VS, 2010, pp. 101-123.

Liebsch, B. "Sensibilitaet und interkulturelles Verstehen als Politikum. Zwischen opportuner Rhetorik und befremdlicher Ueberforderung." Hirsch, A. and Kurt, R. (eds.). Interkultur - Jugendkultur. Bildung neu verstehen. Wiesbaden: VS, 2010, pp. 37-56.

Luesebrink, H.-J. Interkulturelle Kommunikation. Interaktion, Fremdwahrnehmung, Kulturtransfer. Stuttgart: Metzler, 2008.

Luig, U. "Diversity als Lebenszusammenhang - Ehnizitaet, Religion und Gesundheit im transnationalen Kontext." Krell, G. et al. (eds.). Diversity Studies. Grundlagen und disziplinaere Ansaetze. Frankfurt/ M.: Campus, 2007, pp. 87-108.

Malik, K. "Ist Multikulturalismus ein Rassismus?" Merkur. No. 714 (2008), pp. 1048-1051.

Mecheril, P. "Diversity Mainstreaming." Lange, D. and Polat, A. (eds.). Unsere Wirklichkeit ist anders. Migration und Alltag. Bonn: bpb, 2009, pp. 202-210.

Merkens, H. "Interkulturelles Management - Die herausforderung des 21. Jahrhunderts." Nicklas, H. et al. (eds.). Interkulturell denken und handeln. Theoretische Grundlagen und gesellschaftliche Praxis. Frankfuer/M.: Campus, 2006, pp. 229-239.

Michalowski, I. "Vom nationalen Integrationsmodell zum europaweiten Pragmatismus?" Politische Bildung. No. 3 (2006), pp. 26-45.

Moosmueller, A. "Kulturelle Differenz: Diskurse und Kontexte." Moosmueller, A. (ed.). Konzepte kultureller Differenz. Muenster: Waxmann, 2009, pp. 13-45.

Nicklas, H. et al. "Vorwort." Nicklas, H. et al. (eds.). Interkulturell denken und handeln. Theoretische Grundlagen und gesellschaftliche Praxis. Frankfurt/M.: Campus, 2006, pp. 11-14.

Nieke, W. Interkulturelle Erziehung und Bildung. Wertorientierungen im Alltag. Opladen: Leske+Budrich, 2000.

Nunner-Winkler, G. "Individuelle Voraussetzungen paedagogischen Handelns." Krueger, H.-H. and Helsper, W. (eds.). Einfuehrung in Grundbegriffe und Grundlagen der Erziehungswissenschaft. Opladen: Leske+Budrich, 1995, pp. 257-276.

Pateau, J. "Deutsch-franzoesische Arbeitsgruppen." Nicklas, H. et al. (eds.). Interkulturell denken und handeln. Theoretische Grundlagen und gesellschaftliche Praxis. Frankfuer/M.: Campus, 2006, pp. 240-248.

"Pegida – ein Ventil fuer Unzufriedenheit." http://www.dw.de/ (2015년 1월 16일 검색).

"Patriotische Europaeer gegen die Islamisierung des Abendlandes." http://de.wikipedia.org/wiki/Patriotische_Europaeer_gegen_die_Islamisierung (2014년 12월 30일 검색).

Porcher, L. Second Council of Europe on the Education of Migrant Children. Strasbourg: Conseil de l'Europe, 1979.

Porcher, L. L'Education des Enfants der Travailleurs-Migrants en Europe.

L'Interculturalisme et la Formation des Enseignants. Strassburg: Europarat, 1986.

Porcher, L. and Abdallah-Pretceille, M. Ethique de la Diversité et Education. Paris: PUF, 1998.

Porschke, A. "Deutsch-peruanische Missverstaendnisse. Von der Entzauberung des Paradieses." Kumbier, D. and Schulz von Thun (eds.). Interkulturelle Kommunikation: Methoden, Modelle, Beispiele. Reinbek bei Hamburg: Rowohlt, 2011, pp. 91-107.

Prengel, A. "Diversity Education - Grundlagen und Probleme der Paedagogik der Vielfalt." Krell, G. et al. (eds.). Diversity Studies. Grundlagen und disziplinaere Ansaetze. Frankfurt/M.: Campus, 2007, pp. 49-67.

Radke, F.-O. Kulturen sprechen nicht. Die Politik grenzueberschreitender Dialoge. Hamburger: Hamburger Edition, 2011.

Roth, J. "Kultur zwischen Theorie und sozialer Praxis: Orientierungen fuer die Interkulturelle Kommunikation." Moosmueller, A. (ed.). Konzepte kultureller Differenz. Muenster: Waxmann, 2009, pp. 67-81.

Scheffer, J. "Die raeumliche Verabsolutierung von kultureller Differenz: Konzeptionelle Probleme und Alternativen." Moosmueller, A. (ed.). Konzepte kultureller Differenz. Muenster: Waxmann, 2009, pp. 107-119.

Steiner, F. "Kommentar: Pegida schafft sich selbst ab." http://www.dw.de/ (2015년 1월 29일 검색).

Stute, D. (2014a). "Wer steckt hinter Pegida?" http://www.dw.de/ (2014년 12월 22일 검색).

Stute, D. (2014b). "Droht eine Welle fremdenfeindlicher Demonstrationen?" http://www.dw.de/ (2014년 12월 22일 검색).

Stute, D. (2014c). "Nachtwey: Das Produkt einer nervoesen Gesellschaft." http://www.dw.de/ (2014년 12월 22일 검색).

Stuve, O. "Kein Wir, kein Nicht-Wir. Intersektionalitaet in der politischen Bildung." Lange, D. and Polat, A. (eds.). Unsere Wirklichkeit ist anders. Migration und Alltag. Bonn: Bundeszentrale fuer politische Bildung, 2009, pp. 257-269.

"Tausende Magdeburger protestieren gegen rechts." http://www.dw.de/ (2015년 1월 21일 검색).

Terkessidis, M. Interkultur. Berlin: Suhrkamp, 2010.

Thraenhardt, D. "Integrationsrealitaet und Integrationsdiskurs." http://www. bpb.de (2011년 4월 1일 검색).

Vedder, G. "Die historische Entwicklung von Diversity Management in den USA und in Deutschland." Krell, G. and Waechter, H. (eds.). Diversity Management. Impulse aus der Personalforschung. Muenchen: Rainer Hampp, 2006, pp. 1-23.

Vorlaender, H. et al. "Wer geht zu Pegida und warum?" http://tu-dresden.de/aktuelles/newsarchiv/2015/1/pegida_pk (2015년 1월 28일 검색).

Wagener, V. "Buergerrechtler: Legida rechter als Pegida." http://www.dw.de/ (2015년 1월 22일 검색).

Waldenfels, B. "Fremderfahrung, Fremdbilder, Fremdorte. Phaenomenologische Perspektiven der Interkulturalitaet." Hirsch, A. and Kurt, R. (eds.). Interkultur - Jugendkultur. Bildung neu verstehen. Wiesbaden: VS, 2010, pp. 21-35.

Wiechelmann, S. "War das nun ein interkulturelles Missverstaendniss? Von der Gefahr, vor lauter Kultur die Person aus dem Blick zu verlieren." Kumbier, D. and Schulz von Thun, F. (eds.). Interkulturelle Kommunikation: Methoden, Modelle, Beispiele. Reinbek bei Hamburg: Rowohlt, 2011, pp. 323-335.

Wolf-Almanasreh, R. "Diskriminierung in der Schule." Nicklas, H. et al. (eds.). Interkulturell denken und handeln. Theoretische Grundlagen und gesellschaftliche Praxis. Frankfuer/M.: Campus, 2006, pp. 196-201.

Wood, P. Intercultural Cities: Towards a Model for Intercultural Integration. Strasbourg: Council of Europe, 2009.

Wulf, Ch. "Kulturelle Diversitaet aus der Sicht historischer Anthropologie." Krell, G. et al. (eds.). Diversity Studies. Grundlagen und disziplinaere Ansaetze. Frankfurt/M.: Campus, 2007, pp. 69-85.

Zacharaki, I. "Interkulturelle Kompetenz als Bildungsaufgabe im System sozialer Hilfen." Zacharaki, I. et al. (eds.). Praxishandbuch. Interkulturelle Kompetenz vermitteln, vertiefen, umsetzen. Schwalbach/Ts.: Wochenschau, 2009, pp. 15-28.

Zacharaki, I. et al. "Einfuehrung: Soziale Dienste auf dem Weg zur interkulturell lernenden Institution. Verankerung interkultureller Ansaetze in die Praxis." Zacharaki, I. et al. (eds.). Praxishandbuch. Interkulturelle Kompetenz vermitteln, vertiefen, umsetzen. Schwalbach/Ts.: Wochenschau, 2009, pp. 9-14.

발 문

문화적 차이와 다양성에 대한 경험이 점점 더 늘어나고 있는 현대사회에서는 서로 다른 생활형식 사이에서 그동안 당연한 것으로 간주되었던 것이 더 이상 당연하지 않은 것으로 나타나고, 목표와 결말이 아직 알려지지 않은 상태에서 탐색과 시험을 하지 않을 수 없다. 이때 간문화변동의 문제와 도전이 등장한다고 볼 수 있다. 이러한 배경에서 출발하여, 이 책에서는 다양성과 간문화라는 키워드를 중심으로 하여, 차이·다양성이 점점 더 증가하는 사회변동 과정에서 특히 간문화성의 관점 혹은 간문화주의의 입장에서 적절한 접근방안을 탐색하는 차원에서 이론적 기초를 살펴보고 실천적 과제를 모색하는 데 목적을 두고 있다. 이러한 목적에 다가가기 위하여, 차이·다양성의 문제와 간문화변동, 다문화사회의 통합을 위한 접근방안으로서의 간문화주의, 간문화소통과 다양성관리에 대한 연구동향과 함의, 다문화사회에서 사회통합을 위한 간문화적 행위영역과 실천, 간문화교육의 담론과 접근방안, 간문화능력과 교사전문성, 그리고 페기다(Pegida)의 빛과 그림자를 다룬다.

색 인

저자소개

허 영 식(Young-Sik Huh)

서울대학교 독어교육과 및 동 대학원 사회교육과 졸업
독일 프랑크푸르트(Frankfurt)대학교 사회과학부 철학박사(Dr. phil.)
(사회과학교육학 전공)
현재 청주교육대학교 사회교육과 교수
E-mail: huhyousi@cje.ac.kr

〈저서〉

「과학기술과 현대사회: 이상향과 암흑향 사이에서」(2004)
(2005년도 대한민국학술원 우수학술도서 선정)
「국제관계와 현대사회 그리고 시민교육」(2007)
(2008년도 문화체육관광부 우수도서 선정)
「다문화사회와 간문화성」(2010)
(2011년도 대한민국학술원 우수학술도서 선정)
「간문화주의를 통한 사회통합과 국가정체성 확립」(2012, 공저)
「간문화성과 한국의 정체성」(2012, 공저)
「한국의 정체성 재정립과 사회통합을 위한 간문화주의와 다양성관리」(2014, 공저)

다양성과 간문화

초판인쇄 2015년 3월 3일
초판발행 2015년 3월 10일

지은이 허영식
펴낸이 안상준

편 집 김선민·한두희
기획/마케팅 최봉준
표지디자인 김문정
제 작 우인도·고철민

펴낸곳 (주)박영story
서울특별시 금천구 가산디지털2로 53
등록 2014. 2. 12. 제2014-000009호
전 화 02)733-6771
f a x 02)736-4818
e-mail pys@pybook.co.kr
homepage www.pybook.co.kr
ISBN 979-11-85754-12-3 93370

정 가 20,000원